AF258754

EXPOSITION DES PRODUITS

DES MEMBRES

De l'Académie de l'industrie,

A L'ORANGERIE DES TUILERIES, EN 1836.

CATALOGUE

DES PRODUITS

ADMIS A CETTE EXPOSITION

MIS EN ORDRE AU NOM DU CONSEIL D'ADMINISTRATION

PAR ODOLANT-DESNOS,

Secrétaire du comité des manufactures de l'Académie de l'industrie

---

CE LIVRET SE DISTRIBUE

A l'Orangerie des Tuileries, galerie d'exposition
Et au bureau de l'Académie de l'Industrie
Place Vendôme 12.

PARIS

IMPRIMERIE DE FÉLIX LOCQUIN,
r. Notre-Dame-des-Victoires, 16.

1836.

NOTICE

SUR

L'EXPOSITION

DE L'ACADÉMIE DE L'INDUSTRIE.

Le but de l'académie de l'industrie étant de recueillir et de protéger les découvertes, les inventions et les procédés utiles à l'industrie agricole, manufacturière et commerciale, les membres qui composent le conseil supérieur de cette société doivent chercher sans cesse à la favoriser; aussi, ayant eu souvent l'occasion d'apprécier combien il serait important pour l'industrie française d'avoir, entre les années consacrées aux expositions nationales, un moyen de faire des expositions annuelles destinées à mettre sous les yeux du public les découvertes spéciales faites dans l'intervalle des expositions du gouvernement, ce conseil a jugé utile et généreux de faire précéder le jour de la distribution de ses médailles et récompenses, d'une exposition publique où les seuls membres de l'académie auraient le droit de pouvoir espérer de voir admettre leurs produits. En conséquence, ces intentions ayant été soumises à M. l'intendant général de la liste civile par le

président de l'académie, M. le duc de Montmorency, pair de France ; M. l'intendant général
s'est empressé, avec une gracieuse obligeance, de
mettre, au nom de S. M., à la disposition de
notre société, la salle de l'orangerie des Tuileries, et de donner des ordres afin que ce vaste
local fût prêt pour le 20 juin. Aussitôt, le directeur de l'académie a prévenu, de cette bonne et
heureuse nouvelle, les industriels qui devaient
avoir à exposer quelques produits nouveaux, et
bientôt des mesures ont été prises pour que cette
solemnité fût digne du souverain qui voulait bien
prêter momentanément à l'industrie une partie
de son palais. Alors chacun a voulu y concourir.
Une noble rivalité a fait promptement grouper
autour de nous la plupart des notabilités industrielles qui séjournent à Paris ; et, quoique le
temps n'ait pas été suffisant pour leur permettre
de préparer des produits spéciaux, ils ont encore trouvé, dans leurs ateliers, des objets dignes
de figurer brillamment dans cette galerie.

Honneur donc à nos industriels ; car cette exposition vraiment improvisée prouve mieux,
qu'une exposition longuement méditée, que
notre industrie ne sommeille pas, et qu'elle marche toujours à grand pas durant l'espace qui
sépare chacune des expositions nationales !

Le conseil d'administration, afin de mettre
de l'ordre dans les mesures à prendre pour le
temps de cette exposition, a rédigé une circu-
laire que l'on a adressée à chaque membre de
l'académie ; puis, elle a arrêté le réglement qui
suit :

RÉGLEMENT

POUR L'EXPOSITION DES PRODUITS DES MEMBRES DE L'ACADÉMIE DE L'INDUSTRIE, EN 1836.

Art. 1er. Les objets appartenant aux membres de l'Académie de l'industrie, seront seuls admis à l'exposition publique que fera cette année ladite Société dans la salle de l'Orangerie des Tuileries.

2. Avant leur admission, tous les objets seront néanmoins soumis à l'examen d'un jury d'exposition.

3. Les objets nouveaux sur lesquels il n'aura pas été fait de rapport, ne pourront concourir, pour cette année, aux médailles et récompenses qui seront décernées en séance générale, le dernier jour de l'exposition.

Cependant, les produits qui n'ont pas été l'objet d'un rapport spécial de l'un des comités et qui auront été présentés avant le 20 juin 1836, jour de l'ouverture de l'exposition, seront, dans le plus court délai possible, le sujet de rapports spéciaux que l'on adressera aux membres de l'Académie, ainsi qu'aux sociétés savantes et industrielles ; et les exposans qui, pour l'invention ou le perfectionnement de ces objets, auront droit à des récompenses, les recevront à la séance générale de 1837.

4. Le jury d'exposition est composé des présidens et secrétaires des comités de l'Académie.

5. Ce jury recevra et examinera les objets qui lui seront soumis tous les jours, de deux à quatre heures, au local habituel de l'Académie, place Vendôme, n. 12.

Cependant, MM. les industriels pourront adresser leurs produits à toute heure de la journée.

6. Tout exposant devra accepter les places que MM. les commissaires de l'Académie lui assigneront, et se soumettre à cette police d'ordre.

7. MM. les exposans se chargeront des frais d'étalage, de transport, et de tous les autres menus frais particuliers que l'exposition de leurs objets pourra occasioner.

8. Dans leurs propres intérêts, MM. les exposans devront avoir à leur étalage une personne de confiance, tant pour la sûreté de leurs objets que pour répondre aux observations du public.

9. Tout objet ne pourra entrer dans la salle d'exposition que sur la présentation de son bulletin d'admission.

10. Tout objet, une fois entré dans la salle d'exposition, ne pourra en sortir que sur la présentation de son bulletin d'admission et sur l'exhibition d'une permission spéciale de sortie, signée de deux commissaires.

11. L'exposition commencera le 20 juin 1836, et finira le 3 juillet 1836; elle aura lieu tous les jours, depuis midi jusqu'à cinq heures du soir.

12. Le public ne sera admis dans la galerie d'exposition que sur la présentation d'un billet.

13. MM. les surveillans du palais des Tuileries seront chargés de la police intérieure de la galerie d'exposition.

14. La séance générale aura lieu le dernier jour de l'exposition.

Approuvé par nous, membres du conseil de l'Académie,

Le duc DE MONTMORENCY, O. ✳, pair de France, président de l'Académie; le duc DE DOUDEAUVILLE, O. ✳, président honoraire; le général, baron JUCHEREAU DE ST-DENIS, C. ✳, secrétaire-général; Fulcran-Valère CAILLEAU, président du comité d'agriculture; François MALEPEYRE, président du comité des manufactures; Léopold MALEPEYRE, président du comité de commerce; Ciriac MOREAU, président du comité de statistique industrielle; AUDOUIN DE GÉRONVAL, F. CHATELAIN, LEROY DE BACRES, ✳, secrétaires; le comte DE CHASTELLUX, O. ✳, MONTBRION, ODOLANT-DESNOS, le marquis de STE-CROIX, ✳, questeurs; George-Geary BENNIS, le docteur DANIEL DE ST-ANTOINE, ✳, le capitaine SICARD, ✳, scrutateurs.

BUT DE L'ACADÉMIE DE L'INDUSTRIE.

Cette société apprécie, par des examens et essais, les découvertes et procédés qui sont soumis à son jugement.

Elle distribue pour récompenses, et en raison du mérite des découvertes ou des produits, des médailles d'honneur en or, argent ou bronze.

L'examen de ces inventions ou de ces produits est fait par des comités spéciaux, aux délibérations desquels peuvent être présens tous les membres de la société. Ces comités se réunissent au local de l'Académie, place Vendôme, n. 12.

On décerne les médailles dans le cours des séances générales qui se tiennent à l'Hôtel-de-Ville, salle St-Jean.

Les recettes et dépenses de l'Académie de l'industrie sont examinées chaque mois, par une commission supérieure, et aucune dépense ne peut avoir lieu sans avoir été autorisée par un conseil d'administration , dont les membres sont renouvelés chaque année , et nommés à un scrutin auquel peuvent prendre part tous les membres de la société, le vote pouvant même être adressé par correspondance.

COMPOSITION DE L'ACADÉMIE.

L'académie se compose aujourd'hui de 2,553 membres français et étrangers , y compris les membres correspondans.

On fait partie de la société sous deux rapports bien distincts :

1° Sous le *rapport académique*, on lui appartient en qualité de membre *titulaire* , *honoraire* ou *correspondant* ;

2° Sous le *rapport financier*, en qualité de membre *co-propriétaire* ou *non co-propriétaire*. Les *co-propriétaires* paient une cotisation annuelle de 30 fr., ou 300 fr. une fois payés ; les *non co-propriétaires*, 15 fr. ou 150 fr.

Les membres *co-propriétaires*, dont le nombre est limité à *mille*, jouissent de plusieurs avantages , dont un des principaux est de recevoir *gratuitement* les publications de toute nature ordonnées par l'Académie. Les *non co-propriétaires* ne reçoivent que le journal mensuel de ses travaux.

La qualité de membre *co-propriétaire* n'engage jamais à d'autre solidarité que celle de la cotisation annuelle de 30 fr.

Dans le cas de dissolution de la société , les co-propriétaires *seuls* sont appelés à jouir des *droits spéciaux* que leur accordent les statuts consécutifs.

ADHÉSION AUX STATUTS.

Les personnes désignées aux suffrages de l'Académie sont priées d'indiquer avec précision, dans leurs lettres d'adhésion aux statuts, *le double titre* sous lequel elles désirent être inscrites sur les listes civiles de l'institution, et *d'écrire très-lisiblement* leurs noms, prénoms, qualités, lieu de leur domicile, etc.

PUBLICATIONS PÉRIODIQUES.

L'Académie publie régulièrement, depuis sa fondation, sous le titre de *Journal de ses travaux*, un bulletin mensuel qui, indépendamment de l'analyse de ses séances, rapports, etc., contient un grand nombre d'articles capables d'intéresser à un haut degré les agriculteurs, les manufacturiers et les commerçans.

Tous les numéros parus depuis le 1er janvier de l'année de leur admission, ainsi qu'un diplôme, sont adressés, franc de port, aux membres cotisés, dès qu'ils *ont adhéré par écrit* aux statuts de la société, et acquitté le montant de la cotisation et du diplôme.

Ils reçoivent également, sur leur demande, pour le prix de 25 fr., les collections complètes des numéros parus de 1831 à 1835, et dont plusieurs éditions ont déjà été épuisées.

Outre le journal mensuel de ses travaux, l'Académie publie un recueil de *Mémoires* qui n'est envoyé *gratuitement* qu'aux membres qui paient une cotisation annuelle de 30 fr. Deux volumes ont paru. Prix : 10 fr.

BUREAU D'ADMINISTRATION.

Les lettres et paquets destinés à l'Académie, doivent être adressés, *franc de port.*
À Paris, n. 12, place Vendôme, à M. César MOREAU, président du conseil d'administration.

CATALOGUE

N° 1. — Robert (Henri), horloger de la
reine et du duc de Nemours, ayant obtenu une
médaille d'argent à l'exposition de 1834, une
médaille d'or à la Société d'encouragement en
1834, une médaille d'or à l'Académie de l'industrie en 1835, une médaille d'argent de la ville
de Valenciennes en 1835, etc., etc.

Au Palais-Royal, n. 164, au 1er, à Paris.

Cet horloger expose :

1° Une Pendule du prix de   78 fr.
pareilles à celles de l'exposition des produits de l'industrie de 1834.

2° Six Pendules du même genre, plus décorées,
de   90 à 130 fr.

3° Une Pendule nouveau modèle, dit *arcade.*
Cette pendule est à sonnerie et marche quinze jours;
prix 140 fr. Ce modèle est fait tout dans l'intérêt de
la marche de la pièce : aussi, cette pendule est extrêmement régulière.

4° Une Pendule borne en marbre dont le mouvement, à sonnerie, marche de 15 à 20 jours; ce mouvement est sur le principe des pendules précédentes.
Elle est du prix de   170 fr.

5° Une Pendule borne en marbre pareille à la
précédente, marchant un mois sans être montée.
Cette pendule ; pourvue d'un échappement nouveau, possède une très-grande régularité. Le pendule compensateur est aussi nouveau et on ne
peut plus simple. Cette pendule qui est un véritable
régulateur, est du prix   de 250 fr.

6° Une pendule portique, style de la Renaissance.
Le mouvement est pareil à celui de la précédente ;
mais cette pièce est en outre très-remarquable par la
beauté du bronze. Prix :   450 fr.

7° Une pendule astronomique à placer sur une

cheminée. Cette pendule est destinée à remplacer une pendule à secondes pour un amateur d'astronomie. Elle est à force motive constante. Prix : 450 fr.

Parmi les objets divers on aperçoit :

Un Compteur pour l'exacte mesure du temps, dans les expériences à faire par les ingénieurs, les mécaniciens, les officiers d'artillerie, les physiciens, etc. Ce compteur a été tout nouvellement perfectionné. Prix : .... 60 fr.

Montre solaire: 5 fr. Ce petit instrument est très-portatif, et sert surtout à régler les montres et les pendules.

Cadran solaire horizontal : 8 fr. Ce cadran est tout en métal : il peut être posé sur une fenêtre ou sur un piédestal dans un jardin.

Diverses pièces d'horlogerie, détachées telles que des pendules, compensateurs, des modèles d'échappement, etc., etc.

On trouve aussi chez lui,

Le Réveil universel, de 29 fr., sur lequel toute montre s'adapte et suffit pour mettre la sonnerie en action à l'heure fixée.

Le Réveil à mouvement fixe, de 57 fr. Il est pareil au précédent; mais il porte une montre, ce qui dispense de l'embarras d'y mettre la sienne.

Le Réveil militaire, du prix de 100 fr. Il est d'un volume extrêmement réduit, et d'une forme très-commode.

2. — Chevalier, ferblantier-lampiste, rue Montmartre, n. 140, auteur d'un grand nombre d'appareils d'économie domestiques, ayant obtenu une médaille à l'Athénée des arts, et une médaille d'or, de l'Académie de l'industrie.

Voici les plus remarquables de ses appareils :

Tabouret chauffe-pieds d'appartement à l'eau bouillante, conservant sa chaleur une partie de la journée. .... prix de 15 à 40 fr. et au-dessus.

Coffre de chauffe-pieds servant de boule de lit.

Chauffe-pieds de voyage , de bureau et de malades, à l'eau bouillante , conservant sa chaleur une grande partie de la journée.   prix : 25 fr.

Cylindre à l'eau.

Cylindre à feu.

Bassinoire à l'eau bouillante, servant de boule de lit.   prix : 16 fr.

Cuisinière économique. Avec 8 centimes de charbon, on fait un rôti de 4 livres en moins d'une heure.   prix de 22 à 38 fr.

Appareil économique pour faire cuire à la vapeur toute espèce de légumes verts.   prix : 10 et 12 fr.

Calorifère de salle à manger et de salle de bain, servant à chauffer la vaisselle et le linge en quelques minutes, et à répandre une douce chaleur dans l'appartement, au moyen d'un peu de cendre rouge.   Prix de 20 à 140 fr.

Lampe-Encrier, et à verre plat, donnant une lumière aussi intense que celle des becs ronds, ne consommant que pour 2 centimes d'huile à l'heure, et brûlant sans donner de fumée.   prix : 10 et 15 fr.

Étuve pour les charcutiers, afin de maintenir chaudes les viandes cuites, sans craindre le moindre danger.   prix : de 70 à 90 fr.

Dumb-Bells, instrument de gymnastique.

Bdeilaphore ou appareil pour l'application des sangsues sur toutes les parties du corps. prix : 25 fr.

Pédiluve irrigateur, appareil pour bain de pieds à reservoir supérieur et à jets continus. prix de 9 à 11 fr.

Appareil fumigatoire à colonne, pour prendre de bains des vapeur locaux et avec lequel on peut prendre également un bain complet.   prix : 35 fr.

Appareil fumigatoire portatif, pour prendre à volonté des bains de vapeur complets ou des douches et fumigations locales.   prix de 45 à 55 fr.

Baignoire à réservoir supérieur, inventée en 1834, et perfectionnée en 1835 et 1836. prix 150, et 160 fr. et au-dessus.

Nous considérons la baignoire à réservoir supérieur de M. Chevalier, a dit le rapporteur de l'Académie de l'industrie au Comité des manufactures,
dans sa séance du 13 août 1835, comme la meilleure
des baignoires faites jusqu'à ce jour, et de beaucoup
préférable à celles à cylindres, à double fond ou à
poêle; nous la regardons comme parfaite pour prendre des bains dans toute maison particulière ou de
campagne.

Petit appareil fumigatoire pour prendre des bains
de vapeur locaux.   prix : 15 fr. et au-dessus.

3. — PICARD, dentiste breveté, rue de la
Bourse, n. 9, inventeur de nouvelles dents factices, appelées *dents terro-métalliques*, *ayant
formes exactes* des dents naturelles.

Après de nombreux et pénibles essais, dont les 1ers
datent de 1827, M. Picard est arrivé à obtenir des dents
factices montées sur des dents humaines, et composées de pâtes ou émaux colorés superposés, présentant
au naturel la forme, la couleur et la demi-transparen-
ce des dents de l'homme. Leur auteur va même jusqu'à
imiter la carie et tous les accidens auquels sont exposées les dents naturelles, difficultés que l'on n'a-
vait pas encore pu vaincre. Leur solidité est telle,
que l'on peut les passer subitement, et sans danger de les voir éclater ou se briser, du plus grand
feu de forge dans de l'eau froide, puis encore au feu,
propriété qu'elles possèdent seules, et qui permet
de les nettoyer en les passant au feu, expérience que
ne peuvent supporter aucune des dents artificielles
des autres fabricans. Cette propriété rendra beaucoup plus économique l'usage des dents fabriquées
par M. Picard, et leur emploi devra d'autant plus
s'en multiplier, que, malgré leur supériorité bien
marquée, elles sont d'un prix fort inférieur aux
dents naturelles. Pour exemple de la beauté de ses
produits, M. Picard expose un cadre rempli de

dents artificielles montées ou isolées, fabriquées par
les procédés de ce dentiste.

4. — LASSALLE et BELLOCQ, brevetés, successeurs de M. Bronzac, rue St-Dominique-St-
Germain, n. 25, et rue Vivienne, n. 23, fabricans de cheminées, ayant obtenus une médaille
à l'exposition de 1834, exposent :

Un appareil pour chambranle de cheminée, devanture en cuivre poli, caisson en forte tôle avec
rideau à charnière, foyer en fonte de 15° d'ouverture, garde-feu en cuivre avec bornes idem, du
prix de   170 fr.

Cet appareil peut s'établir avec devanture en ma-
çonnerie, en tôle bronzée tôle peinte en laque,
et avec décors, et tout en fonte, avec foyer de 12,
15, 18, 24 ou 30 pouces. Les prix, selon leur construction, varient de   55 à 300 fr.

Un appareil pour chambranle de cheminée, devanture en cuivre poli, caisson en fonte avec rideau
à charnière, foyer en fonte de 18° d'ouverture, mécanisme à fermeture et à garde-feu avec bornes en
cuivre, du prix de   225 fr.

Cet appareil a, sur le précédent, l'avantage de
pouvoir être fermé hermétiquement en cas d'incendie, où lorsqu'on veut intercepter l'air de la cheminée quand il n'y a point de feu. On peut l'établir
avec les mêmes changemens de devanture, et dans
les mêmes dimensions que le n° 1. Les prix varient
de   65 à 300 fr.

Un appareil pour chambranle de cheminée, devanture en cuivre poli, caisson et foyer en fonte de
24° d'ouverture, garde-feu avec bornes en cuivre,
du prix de   280 fr.

On a adapté à cet appareil un système de réservoir
et bouches de chaleur par lesquels on peut introduire
l'air extérieur qui s'y échauffe à un degré assez
élevé avant d'entrer dans l'appartement, sert à
alimenter la combustion, et, par conséquent, permet

d'intercepter tout autre courant d'air. Les tuyaux de chaleur peuvent être dirigés, soit dans la même pièce où se trouve l'appareil, ou dans une pièce attenante.

Les prix de ces appareils, suivant le genre de construction et les dimensions, sont de   80 à 340 fr.

Une cheminée-poêle à foyer mobile, garniture à console en marbre bleu turquin, devanture peinte en laque à décors, garde-feu avec borne en cuivre, du prix de   380 fr.

Une cheminée-poêle à foyer mobile, garniture à console en marbre noir Dinan, devanture en cuivre poli à doucines, garde-feu avec bornes en cuivre.
                                                  375 fr.

Le système intérieur de ces deux cheminées, nos 4 et 5, est le même; elles ne varient que par les ornemens extérieurs. Leur construction peut être considérablement simplifiée, comme aussi elle peut être faite avec beaucoup plus de luxe. On peut également y adapter le système de réservoirs et tuyaux de chaleur dont il est question à l'appareil n° 3 , et diriger les bouches, soit dans la même pièce où serait la cheminée, ou dans une pièce voisine.

Les prix varies selon les formes et les grandeurs ; on en fait depuis   130 jusqu'à 1000 fr.

Une nouvelle cheminée tournante à foyer mobile et à échappement, à deux faces, l'une avec devanture en cuivre poli et garniture de marbre noir Dinan, l'autre avec devanture bronzée, garniture de marbre St-Anne, du prix de   550 fr.

Une nouvelle cheminée tournante à foyer mobile et à rondelle, à deux faces, l'une avec devanture en cuivre poli, l'autre avec devanture bronzée, tablette en marbre St.-Anne, du prix de   440 fr.

Les deux cheminées nos 6 et 7, quoique semblables en apparence, diffèrent néanmoins dans leur construction. Toutes les deux sont destinées à chauffer alternativement, et avec le même feu, deux pièces contiguës; mais le n° 7 a l'avantage de pouvoir être appliquée (en la disposant en conséqence), pour en chauffer trois. Leur mécanisme est très-simple : dans la première, au moyen de pédales sur lesquelles on appuie, on fait tourner le foyer qui transporte le feu d'une chambre dans une autre, sans que rien ne se dérange. Dans la seconde, le mouvement de rotation s'opère sur un pivôt : on n'a qu'à pousser le foyer avec le pied ou avec la main, et le fixer au moyen d'un petit verrou placé de deux côtés sur le socle.

Ce genre de cheminée est très-avantageux, et convient particulièrement aux personnes qui, ayant leur cabinet contigu à leur chambre, sont bien aises de pouvoir chauffer l'un et l'autre sans avoir l'embarras d'allumer le feu, et sans l'aide de domestiques ; il procure l'économie d'un feu, et chauffe beaucoup mieux que les cheminées ordinaires, en raison du foyer mobile et de la disposition du caisson.

Ces cheminées, dont la charpente en fer est solidement établie, peuvent être fournies sans devantures, coffre extérieur, ni marbre, ce qui réduirait leur prix à   250 et 290 fr.

Une cheminée-poèle à foyer mobile et à fours latéraux, devanture en tôle vernie au feu, garniture en cuivre, intérieur en fonte, tablette en marbre Ste-Anne   320 fr.

L'application qui vient d'être faite de fours aux cheminées portatives à foyer mobile, est une innovation dont les avantages seront facilement compris. En effet, pendant que le foyer sert à chauffer l'appartement, on peut en même temps utiliser le même feu pour faire son pot-au-feu dans un four et un rôti dans l'autre, ou, si on la place dans une salle à manger, pour conserver les mets chauds. On n'a pas à craindre que l'odeur se répande dans la pièce ; un soupirail établi à la partie supérieure du four, et que l'on peut à volonté tenir ouvert ou fermé, donne passage à la vapeur qui va se perdre par le tuyau de la cheminée. Une trappe placée dans ce tuyau, et que l'on fait agir au moyen d'une clé adaptée à l'un des côtés de la cheminée, sert à graduer le calorique et à le concentrer dans le foyer lorsque le combustible est réduit en charbon.

En plaçant l'ouverture des fours derrière la cheminée, celle-ci peut servir deux pièces contiguës; dans l'une, soit chambre, magasin ou boutique, on aura la cheminée, et dans la pièce attenante, on pourrait faire la cuisine, ce qui procurerait l'économie d'un feu, et éviterait l'embarras de fourneaux.

5. — Péchinay aîné, fabricant d'argent neuf ou maillechort perfectionné, quai Valmy, n. 45, près la rue St-Sébastien, ayant obtenu une mention honorable à l'exposition de 1834 et une médaille d'argent de l'Académie de l'industrie en 1835.

Il fabrique une foule d'objets en maillechort fondu ; résultat que personne n'avait pu obtenir avec succès avant lui : son maillechort est à volonté ductile, brillant, sans soufflure, et imite l'argent à s'y méprendre. Pour modèle de ses produits, il expose divers échantillons comparés à ceux en argent et en cuivre argenté.

DÉSIGNATION des objets comparés.	ARGENT au titre.	CUIVRE argenté.	MAILLECHORT ou argent neuf.
Un Christ de 24 p. avec sa croix, valant sept fois moins cher que l'argent.	40 marcs. 4,000 fr.	40 à 50 marcs. 1,500 fr.	50 marcs. 500 fr.
Un Christ de 15 pces. avec sa croix.	15 marcs. 2,000 fr.	20 marcs 500 fr.	20 marcs. 200 fr.
Un buste de Louis-Philippe seul fondu en maillechort.			100 fr.
Une balance à colonne.			150 fr.

	PLAQUÉ au dixième.	MAILLECHORT ou argent neuf.
Une paire chandeliers, 10 pces. n. 1.	25 fr.	3o fr. pes. 4 liv.
Une paire *dito* 10 pces. n. 2.	25	25 fr. 3 l. et dem
Une paire *dito* 10 pces. n. 3.	25	20 fr. pes. 2 liv.
Un manche à gigot.	4	4 f.-6 onc.
Un numéro de voiture avec son cadre	6 5o	6 fr.

Péchinay fond l'argent neuf (dit Maillechort) sur toutes espèces de modèles, de 6 à 10 fr. la livre, suivant l'importance des modèles.

6. — GALIBERT, fabricant de lampes mécaniques, inventeur breveté d'une nouvelle lampe mécanique, rue Neuve-St-Augustin, n. 34, à Paris,

Ayant obtenu une mention honorable à l'exposition de 1834, et une médaille d'argent à la société d'encouragement, expose plusieurs modèles de lampes construites d'après son sytème, et se vendant, en raison de leur grandeur et de leur richesse, depuis 5o francs et au-dessus; tandis que les mêmes lampes du système Carcel, se vendent au moins 9o fr.

7. — JACQUINET jeune, rue Grange-Batelière, n. 9, à Paris; cheminées à foyer mobile à tiroir, brevetées et ayant obtenu une mention honorable à l'exposition de 1834.

Les cheminées et appareils à foyer mobile à tiroir offrent le précieux avantage de pouvoir, et volonté, avancer ou reculer le foyer, ce qui perm d'augmenter avec économie la chaleur ou de la diminuer au besoin. Ces cheminées armées d'un régulateur, sont disposées de manière à garantir de toute fumée et de tout incendie.

Le foyer brisé à sa partie supérieure, en s'inclinant en avant ou se renversant en arrière, renvoie la chaleur, et facilite l'écoulement de la fumée.

Un petit bouton, placé sur la devanture, fait ouvrir ou fermer un régulateur dont l'objet est de ralentir ou hâter la combustion, de s'opposer à la perte du calorique, et d'intercepter tout courant d'air en cas d'incendie.

Ces cheminées et appareils, d'une durée illimitée, sont en fonte, tôle et cuivre, et susceptibles de tous les ornemens désirables; elles sont portatives et n'apportent aucun obstacle au ramonage.

On trouvera toujours, à prix fixe, dans les ateliers de M. Jacquinet, un grand assortiment de cheminées et d'appareils à foyer mobile à tiroir, ainsi que des cheminées-poêles à bouches de chaleur et à nouveau système, pouvant chauffer deux pièces à la fois : les prix de ces divers appareils varient d'après leur grandeur, depuis 65 jusqu'à 290 fr.

8. — Edouard LANET, de l'Académie des sciences de Bordeaux, boulevard Montmartre, n. 16, à Paris, breveté pour l'invention de l'appareil Prompt-copiste, destiné à prendre *sur-le-champ* une ou plusieurs copies de l'écrit qu'on vient de tracer, sans altérer l'écrit, en se servant, pour original et copies, des papiers en usage, sur registre comme sur feuille volante, en ne mouillant ni l'original ni le papier des copies. Un petit espace sur une table solide suffit pour son établissement et son usage. Prix : 150 fr. y compris les objets accessoires et de consommation.

L'idée de M. Lanet avait pour principe cette remarque, qu'il manquait entre l'écriture et les systèmes d'impressions connus le moyen de suppléer par une opération chimique ou mécanique instantanée, à la perte de temps et de peine qu'occasione dans toutes les branches de nos rapports la copie et recopie d'écritures.

L'appareil *prompt-copiste* de M. Lanet se compose d'une petite presse, dont la disposition est toute spéciale pour son objet, et qui n'occupe sur une table de travail que 12 ou 15 pouces d'espace.

L'appareil opère sur les feuilles d'un registre (au recto et verso) tout aussi facilement que sur des feuilles volantes; de manière que l'on peut, au besoin, transporter de feuille volante sur registre ou de registre sur feuille volante; on met environ une minute par copie.

L'encre est analogue à l'encre ordinaire, si ce n'est qu'elle a la propriété de déposer son empreinte sur des feuilles vernies aptes à la recevoir; une composition chimique est passée sur leur surface; les caractères se reproduisent et prennent corps simple de l'haleine, puis le premier papier venu reçoit une copie noire et solide comme l'écriture à l'encre. La composition passée de nouveau fournit une 2e, 3e copie et ainsi de suite jusqu'à 6, 8, etc.; ce qui est à remarquer, c'est que ni l'original, ni le papier des copies n'ont besoin d'être mouillés ou rendus humides.

Une éponge lave ensuite les feuilles vernies; elles sont prêtes alors pour une autre opération.

L'agence du brevet d'invention de M. Lanet expose un appareil complet de ses accessoires et des résultats pour exemples, tant sur feuille volante que sur registre; (écriture, chiffres, dessins ou trait, musique etc.) S'adresser, pour voir fonctionner l'appareil à l'agence boulevart Montmartre, n° 16, ou chez M. Chatelain, rue Laffitte n° 46.

9. — ROMAGNÉSI, sculpteur, rue de Paradis-Poissonnière, n. 24, à Paris, inventeur d'un carton-pierre perfectionné, ayant obtenu des récompenses de plusieurs sociétés savantes et

une médaille d'argent grand modèle de l'Académie de l'industrie en 1836.

Depuis Mézière et Hire, auxquels on doit l'invention d'une pâte homogène, pouvant acquérir à l'air un grand degré de dureté, moyen qui succéda à la colle de farine, dont avant eux on se servait pour unir entre elles les feuilles de papier qui étaient superposées et moulées dans les formes, M. Romagnési ensuite a obtenu un carton-pierre d'une pâte très-fine, très-douce, qui prend beaucoup mieux les empreintes les plus délicates, conserve les formes les plus gracieuses, supporte sans s'écailler, le peintures, et présente par conséquent, des avantages incontestables sur les matières employées avant les siennes. Ces avantages sont tellement bien reconnus aujourd'hui, que la pâte de M. Romagnési est actuellement partout employée : ainsi ; elle a servi a confectionner des monumens, des statues ou des objets de mobiliers au château des Tuileries, au Louvre, au Palais-Royal, dans l'église cathédrale de Châlons-sur-Marne, dans celle d'Arras ; et dans les églises de Saint-Roch, de l'Assomption et de Saint-Médard à Paris. Pour mieux faire juger de l'effet qu'il obtient avec son carton pâte, M. Romagnési expose : deux piédestaux supportant des statues de sept pieds de proportion, un tabernacle, et en outre des lampes, coupes, vases et autres objets divers en carton-pâte, imitant des marbres ou des bronzes plus ou moins relevés de dorures.

10. — CLACHET, fabricant ferblantier-lampiste, rue Dauphine, n. 12, à Paris.

Ce fabricant est l'inventeur d'un nouveau système de becs pouvant s'adapter à tout genre de lampes ; ces nouveaux becs ont surtout le grand avantage d'éclairer comme les lampes Carcel, en laissant 6 lignes de mèche blanche, ne charbonnant jamais, avantage d'autant plus remarquable qu'il présente une grande économie en raison de l'intensité supérieure de la lumière qu'il fournit. M Clachet est aussi arrivé à pouvoir fabriquer des lampes de bureau d'un très-bas prix, donnant la lumière de deux chandelles, et brûlant à blanc, tout en ne consommant que 5 gros d'huile par heure. M. Clachet fabrique de plus toutes sortes de réflecteurs en plaqué et en fer blanc, au moyen d'un nouveau procédé dont il est également l'inventeur. Enfin, il confectionne tout ce qui concerne son état, et particulièrement des lampes pareilles à celles qu'il a exposées depuis le prix le plus modique jusqu'au plus élevé. On peut voir fonctionner les lampes de M. Clachet, tous les soirs au Palais-Royal, café de la Rotonde, et l'un de ses Réflecteurs éclaire le cadran de l'horloge de l'hôtel des Postes.

11. — GIBUS, chapelier place des Victoires n° 5 à Paris, fabriquant des chapeaux mécanique, ayant obtenu une mention à l'exposition de 1834, et une médaille d'argent de l'Académie de l'industrie, en 1836.

Pour remplacer le chapeau-claque qui ne peut servir qu'en soirée, sans permettre de le porter en plein jour, M. Gibus a imaginé un chapeau mécanique pouvant se refermer sur lui-même, et se rouvrir ensuite sans laisser de plis sur l'étoffe, avantage qui le rend très-commode pour le bal, le spectacle, le voyage, et surtout pour les expéditions, puisqu'alors messieurs les commissionnaires, au lieu de trouver dans cette coiffure une marchandise encombrante, pourront, au contraire, en exporter une très-grande quantité sous un petit volume. Ce fabricant expose plusieurs modèles de ses chapeaux mécaniques, plus une amazone et un schako également mécaniques, de nouvelle invention.

12.— FICHTENBERG, rue des Bernardins n° 54, fabricant de papiers marbrés et de crayons, ayant obtenu des médailles de l'académie de l'industrie, de la société d'encouragement, de la société libre des beaux arts et de l'athénée des arts.

Papiers marbrés et agate, papiers vernis au feu, garantis pour la dorure, sans aucun apprêt, depuis 20 jusqu'à 126 fr. la rame, de nouveaux papiers imitant les agates, pour les salles à manger, de 3 à 5 fr. la toise carrée; crayons de mine de plomb naturel en 5 degrés de dureté, montés en bois indigène, en bois de cèdre vernis ou non vernis, en bois noir vernis, connu sur le nom Suisses, de 9 à 15 fr. la grosse; crayons de couleurs fines, en 24 nuances, montés en bois de cèdre, 48 fr. la grosse.

13.—LEMONNIER, artiste dessinateur en cheveux breveté, fournisseur de S. M. la reine des Français, ayant obtenu une médaille de l'académie de l'industrie en 1836; rue du Coq Saint-Honoré nº 13 à Paris.

M. Lemonnier, a dit le rapporteur du Comité des manufactures à notre Académie, est un artiste ouvrier qui, par son habileté, mérite d'être cité avec distinction, comme ayant su donner à l'industrie dont il s'occupe une nouvelle importance, en joignant à une habileté artistique incontestable de nouveaux moyens mécaniques d'exécution. Il a élargi ainsi le marché de la consommation de ses produits, puisque, d'une part, ils ont acquis plus de perfection, et que, d'autre part, il peut les offrir à des prix beaucoup moins élevés. Aussi l'Angleterre, et surtout l'Amérique, depuis long-temps tributaires de cette industrie, augmentaient-elles chaque année leurs demandes de ces objets, qui servent le plus souvent à consacrer le souvenir de l'amitié ou du regret.

Pour modèles des objets qu'il peut fabriquer, M. Lemonnier expose différens sujets en cheveux, savoir : des portraits en cheveux lisses, genre dont il est l'inventeur, des tombeaux avec des petits personnages également en cheveux lisses, des chiffres et boucles d'un nouveau genre, où les cheveux ne sont ni mouillés, ni gommés, qu'il peut seul également fabriquer; des bouquets de fleurs imitant la nature, une grande quantité de tresses différentes pour colliers, bracelets, cordons de montres, cordons de cannes et parapluies et bourses, des épingles boucles d'oreilles, des bagues, des bourses et des boutons de chemise.

Presque toutes ces tresses sont faites sur des métiers et mécaniques inventés par M. Lemonnier.

44.— Jaminet-Cornet, fontainier breveté, rue du Four n° 26 et rue Sainte-Marguerite n° 19 à Paris; inventeur des fontaines sans fer dites polyfiltres, il expose :

1°. 1 fontaine polyfitre carbonisé triple, de 4 voies, 45 fr.; 1 *idem* modèle brut polyfitre, de 2 voies et demie, 35 fr.; 1 *idem* modéle brut simple, de 1 voie, 25 fr.; 1 apppareil polyfitre mobile à lanterne, avec tous ses accessoires pour réservoir et tonneaux, pouvant filtrer, 1 voie par heure, 40 fr.; 1 fontaine polyfitre, marbre Français, brèche Toulouse, de 2 voies et demie, 200 fr.; 1 *idem* marbre blanc d'Italie et Coquille, de 2 voies, 150 fr.; 1 *idem* marbre grès de Bourgogne, de 2 voies et demie, 130 fr.

15.—Chalumeau, rue Sainte-Anne n° 32, au coin de la rue Villedot n° 15. Auteur breveté d'une mécanique pour couper les habits; admis à l'exposition de 1834.

Par ce procédé ingénieux, M. Chalumeau trace et coupe, en moins de 3 minutes, un habillement complet sans rien perdre de l'étoffe : ainsi, il fait, avec une aune de drap, un pantalon et un gilet; avec deux aunes de drap, un habit et un pantalon, et avec deux aunes un tiers, une redingote et un pantalon. Le consommateur, en faisant couper son étoffe par cette mécanique, y trouvera donc deux pièces d'habillement au lieu d'une. M. Chalumeau, moyennant des prix débattus de gré à gré, s'arrange avec MM. les tailleurs de Paris et des départemens pour leur dessiner et couper tous leurs habillemens, d'après les modèles qu'ils lui indiqueront, ou pour leur fournir tous les mois des modèles dessinés et taillés suivant le goût du jour. Il expose plusieurs pièces d'habillement dessinées et coupées au moyen de cette mécanique.

16. — GUDIN, bottier, rue Cotte n° 2 bis, boulevart Saint-Antoine à Paris.

Il expose des chaussures imperméables de sa façon, qui restent un mois dans l'eau sans la laisser pénétrer; avantage que l'on ne peut trop encourager surtout aujourd'hui que la plupart des cordonniers emploient du cuir détestable. Les chasseurs et les personnes sensibles à l'humidité apprécieront particulièrement toute chaussure qui sera véritablement imperméable.

17. — HUET, auteur breveté de la Pompe-Huet, rue Neuve des Capucines, n° 5, près la place Vendôme, et pour voir fonctionner un modèle, avenue des Champs-Élysées, n° 1, près l'allée des Veuves.

Cette pompe, dont la qualité essentielle est d'être sans aucun frottement, est d'un avantage presque incalculable par le produit réitéré que chaque coup de piston donne en plus; ce simple aperçu doit nécessairement la mettre au nombre des bonnes machines.

Par son mécanisme simple, elle peut être mue par l'agent que l'on voudra lui appliquer, et peut être montée et démontée par le premier venu. Elle a même subi, sous ce rapport, une amélioration considérable sur celles qui étaient au Pavillon n° 1, de l'Exposition de 1834, sous le n° 272.

Sa forme et son action peuvent être appropriées à

toutes les localités, en ce qu'elle est aspirante,
foulante, ambiante et soulevante. Elle n'est pas li-
mitée dans son produit, toutefois eu égard à la
force motrice appliquée par rapport à son diamètre.
Son poids et son volume sont peu considérables, sa
solidité est d'autant plus grande, qu'elle n'est pas
assujétie à des frottemens toujours renaissans,
comme cela arrive dans celles où le piston est en
juste-apposition avec le corps de pompe. Son prix
est à la portée de tout acquéreur par sa modicité.

Elle peut servir à élever les eaux bouillantes, les
sirops à tel degré de cuisson qu'ils puissent être, les
vins, vinaigres, eaux-de-vie, huiles, eaux bour-
beuses et sableuses, au desséchement des marais.
Elle peut être appliquée aux navires avec un avantage immense, par la quantité considérable de liquide qu'elle rejette au-dehors avec peu de force
motrice, et peut, par conséquent, sauver d'un nau-
frage presque certain des malheureux que la mer
est prête à engloutir dans son sein. Elle est propre
aux arrosages, et, mue par un manége, elle peut
faire fonctionner la roue d'une usine avec la même
eau, etc., etc.

Deux hommes peuvent, en une heure, élever à
30 pieds 48 mille livres de liquide, équivalant à 88
muids, ou 107 pièces d'Orléans. Ainsi, une pompe
à incendie, donnant 20 livres d'eau chaque tour de
manivelle, à 40 par minute, élèvera cette même
quantité de liquide à 60 pieds, par la puissance seulement de quatre hommes. Elle donne un jet continu de 7 à 8 lignes de diamètre, et peut être roulée
en un instant à une grande distance, par un jeune
homme de 12 à 15 ans. Son prix est fort modique, en
comprenant 50 seaux en cuir cousu, contenant 9
litres, plus 50 pieds de tube, aussi en cuir cousu,
et une lance. Si l'on compare la pompe Huet avec
celle à incendie ordinaire, l'on trouve que celle-ci,
ayant un piston de 4 pouces 1/2 de diamètre, elle
donnera, par chaque coup de piston de 6 pouces de

course, 160 litres d'eau par minute à 40 impulsions ou 9,600 livres par heure. Elevées à 70 ou 75 pieds avec la force de 8 hommes, elle pèsera de 4 à 500 livres, et se vendra 800 fr. Tandis que la pompe Huet, par chaque coup de piston de 6 pouces de course, rendra 9 livres d'eau ou 360 livres par minute, ou 21,600 livres par heure, qu'elle élèvera à même hauteur seulement avec 4 hommes, et elle ne pèsera que 150 livres, et ne se vend que 500 fr.

ASPIRATEUR VAPO-POMPE-HUET.

Cette pompe, étant aspirante au plus haut degré, unie à cet appareil, peut former le vide sans emploi de liquide condensateur dans tel récipient de telle forme qu'il soit; sous ce rapport, elle est propre à être employée par MM. les raffineurs, ou tout autre établissement où l'on a besoin d'une vaporisation spontanée.

L'Auteur de ce système est aussi celui d'une balance hydraulique, qui exempte la mise de poids, chose très-fatigante dans les grandes masses, et de rames qui donnent huit fois plus de vitesse à la marche du bateau où on les adapte, tout en n'employant que la même force motrice employée avec celles ordinaires.

18. — FLAMET jeune, fabricant breveté de bretelles, rue des Arcis, n° 25, à Paris, fournisseur du Roi, a obtenu une médaille à l'exposition de 1834, pour les bretelles et jarretières élastiques sans coutures, dont il est l'inventeur.

Il fabrique, en outre, des bretelles en gomme élastique, et du canevas de soie pour broderie. Il expose un assortiment de bretelles, dont les prix s'élèvent depuis 12 jusqu'à 60 fr. la douzaine: un assortiment de jarretières depuis 2 fr. 50 cent. jusqu'à 10 fr. Des canevas de soie se vendant depuis 1 fr. 40 cent. jusqu'à 26 fr. la douzaine. Parmi ces canevas, on peut remarquer une corbeille de fleurs brodée sur canevas de soie, et un personnage du moyen-âge peint sur même canevas.

M. Flamet expose, en outre, un fusil à piston avec amorçoir à la crosse pour le service de guerre et de chasse, fusil fabriqué par M. Flamet, pour son service particulier, et ayant subi toutes les épreuves devant le comité d'artillerie.

19. — Ed. Schindler, tailleur, rue de Seine Saint-Germain, n° 23, remet à neuf toute es-pèce d'habillemens, par des procédés de tein-tures et apprêts indestructibles et il leur donne une forme nouvelle, ce qui permet pour le tiers de revient d'un habit neuf d'en doubler la durée et d'en conserver la fraîcheur.

Il tient aussi des ateliers de dépiquage et de dé-graissage à sec de toutes sortes d'étoffes, tant sur soieries, satins, velours, bourres de soie, circas-siennes, poils de chèvres, draps, que sur toutes étoffes de fantaisie, et sur les gants piqués par l'humidité. Enlever la graisse et faire disparaître les piqûres et les taches de quelque nature qu'el-les soient, et toujours à sec, et sans laisser d'odeur, telle est l'industrie que M. Schindler exerce dans ses ateliers et même sur les tentures et meubles chez les particuliers qui ne veulent pas les sortir de leurs appartemens. Seulement, pour que ces divers objets puissent être nettoyés sur place, il est indis-pensable de le faire savoir à M. Schindler, qui a présenté à cette exposition divers échantillons d'ha-bits remis à neuf et d'étoffes dépiquées et dégrais-sées.

20. — Lamotte, mécanicien pompier et plom-bier, breveté, boulevard Montmartre, n° 10, et les ateliers faubourg Montmartre, n° 4.

Il a exposé une nouvelle invention de garderobe à la française et à l'anglaise, dites à bascule et à

robinet suffin-boch, contenant toujours trois pouces
d'eau, garantissant de toute mauvaise odeur, et ne
craignant aucune réparation ; sa simplicité n'ayant
aucun mécanisme qui puisse se déranger par le
moyen de son robinet, en tournant la poignée qui
fait ouvrir le robinet et la soucoupe et fait arriver
un demi-litre d'eau qui tourne autour de la cuvette
et la tient toujours propre et fait partir la matière.

L'on trouve dans le même magasin plusieurs inventions nouvelles d'autres cuvettes et de pompes,
robinets de tous diamètres ; des soupapes, des rac-
cords, garderobe portative en forme de meubles,
et seaux inodores, de même portatifs, toutes sortes d'ouvrages en zinc et en plomb, tuyaux de cuir
et de coutil.

**21. — Louis Grangoir, serrurier mécanicien,
rue Mouffetard, n° 307.**

Fabricant de serrures, de caisses et coffre-forts
de sûreté ; il est inventeur de la nouvelle serrure à
combinaisons, à l'abri du tact ; de celle brahma à
clef en cœur et à canon mobile, et du brahma à
double fond, ainsi que d'autres brahmas perfectionnés. M. Grangoir expose, pour modèles de ses
produits, une serrure à combinaisons, à l'abri du
tact, pour caisse, du prix de 100 fr. Deux tambours
brahma du prix de 40 fr., y compris la serrure ;
une serrure brahma de porte d'appartement, de
40 fr. ; une grande serrure brahma pour coffre-fort,
du prix de 200 fr. ; deux serrures à combinaisons, à
portefeuille, pour poche, de 20 fr. et pour ministre, de 30 fr.

**22. — Renou, tanneur breveté, rue Mouffetard,
n° 29, ayant obtenu une mention honorable à
l'exposition de 1834.**

Inventeur et fabricant de cuirs et de peaux de
chat sauvage de Russie et de lapin, pour la confection de toute espèce de chaussures et de guêtres four-

rées et non fourrées , sans coutures , même de bottes à l'écuyère.

La peau de lapin , ainsi que celle de chat sauvage de Russie , est, sous tous les rapports , supérieure au veau et à toute espèce de peaux employées jusqu'à ce jour pour la chaussure , attendu que la finesse du poil ne laisse après son enlèvement aucun pore, et que son âge et sa flexibilité conservent le pied dans toute sa fraîcheur, tandis que le veau , par son jeune âge , n'offre qu'une peau de lait qui n'a pas atteint sa maturité.

Il expose divers objets fabriqués avec ce genre de peaux.

23. — CLUESMAN, facteur de pianos, breveté , rue Favart, n° 4, à Paris, ayant obtenu une mention honorable à l'exposition de 1834, et une médaille d'argent à l'Académie de l'Industrie en 1835.

Il a inventé des *pianos à vis de pression*, facilitant l'accord de l'instrument, amélioration fort importante, pouvant même être adaptée aux anciens pianos à queue. Ces pianos à vis de pression se vendent, en raison de leur luxe , depuis 800 francs jusqu'à 2,000 fr. Il expose en outre un *piano à chevalet suspendu*, dont la table d'harmonie est placée derrière le barrage , au lieu d'être près des cordes , ce qui lui donne beaucoup plus de son. Il a de plus, dernièrement, inventé le *moteur des doigts mobile*, dont il expose des modèles , permettant d'exercer les doigts sur toute la longueur du clavier, et se vendant 30 fr., chez l'auteur.

24. — Le colonel AMOROS, directeur dn Gymnase civil , rue Jean-Goujon, n° 6, à Paris . auteur d'un grand nombre d'appareils propres à la gymnastique ; parmi ces appareils on remarque à cette exposition une

Collection de modèles représentant le *Gymnase*

improvisé de campagne, établi en 1834 au camp de St.-Omer, par M. le colonel Amoros, inspecteur des Gymnases militaires.

Ce gymnase fut formé en trois jours avec quelques instrumens venus du gymnase d'Arras, et les matériaux que les magasins de l'artillerie et du génie de St. Omer procurèrent, à la condition de ne pas scier ni changer leurs formes, puisqu'on devait les rendre aux magasins dans le même état. Cette entrave mit M. Amoros dans un grand embarras, et l'entourait de difficultés difficiles à vaincre : cependant il eut le bonheur de les surmonter, il parvint à obtenir des moyens efficaces pour développer les facultés de ses élèves, et à produire des résultats fort heureux; car ce fut à l'aide de ces ressources grossières et des procédés de l'enseignement que l'on arriva, lorsqu'on fit des applications aux remparts de la place de St.-Omer, à trouver des procédés fort importans pour l'art militaire; procédés pouvant diminuer les pertes douloureuses que l'on éprouve dans les escalades et les assauts, en les réduisant de 32 à un. Le général commandant du camp certifia ce fait, très facile à comprendre, tout étonnant qu'il paraisse, par l'emploi des instrumens très simples, très portatifs, très faciles à appliquer, et par la rapidité avec laquelle les élèves que l'on forme s'en servent.

25. — DECOURT, lampiste, passage Choiseul, n° 50, à Paris,

Fabrique des lampes mécaniques dites Carcel, mais perfectionnées, dans les prix de 55 jusqu'à 320 francs en raison de leur luxe et pareilles à celles exposées.

26. — YOUF, ébéniste, boulevart Saint-Martin n° 43 et rue Meslay n° 48 à Paris, expose :

Une table de galerie à corne d'abondance de 4 pieds et 1/2 en bois de palissandre avec ornemens en bronze doré 3,000 fr. Une idem même grandeur à console 2,000 fr. Une toilette en bois de palis-

saudre, aussi avec ornemens, bronze doré, de
15000 fr. Une table de salon en palissandre et
branches d'olivier de 800 fr.

27. — Payot et Regnier, brevetés, au Marc d'Or,
rue des Lombards n° 28, à Paris, exposent :

Des pharmacies portatives perfectionnées, contenant plus de 150 articles sous un très petit volume.
Les médicamens s'y sont conservés sans altération
depuis 1826, (c'est-à-dire, huit années consécutives.)

Ces Pharmacies hermétiquement fermées, seraient très utiles pour les armées en campagne,
pour les fabriques, les usines, les villages, bourgs
et autres lieux éloignés de toutes officines ; enfin,
pour les armateurs et capitaines au long cours, et
autres personnes qui sont forcées de renouveler in-
tégralement les médicamens à chaque voyage.

Il s'y trouve de plus des ustensiles de Pharmacie, comme mortier, pilulier, entonnoir, flacons,
spatules, et des instrumens de chirurgie, tels que
trousse, lancetier, sondes pleines et creuses, bougies élastiques, bandes, compresses, charpies, etc.
le manuel de santé de Marie St.-Ursin. Enfin elles
renferment un exposé manuscrit, exact et clair,
des médicamens simples et composés, avec leur dose
et la manière de les employer.

Ces pharmacies ont un immense avantage sur
les coffres que l'on avait faits autrefois et qui étaient
loin de remplir le but qu'on s'était proposé ; ces
coffres non seulement ne contenaient pas une aussi
grande quantité de substances, mais encore celles
qui s'y trouvaient renfermées s'y détérioraient
bientôt et devenaient en peu de temps hors de
service.

Les prix de ces pharmacies portatives varient
en raison de leur grandeur, les petites se vendent
150 fr. les moyennes 550 fr. et les plus grandes
1050 fr.

28. — Rottée, mécanicien, rue Popincourt n° 30,

2.

à Paris, ayant obtenu une médaille à l'exposition de 1834, fait les

Métiers à fabriquer les cardes pour les filatures de laine, coton, soie, et cachemire, il fait surtout les métiers propres à fournir les grandes plaques et les rubans de cardes, dans les prix, pour les premières, de 1400 fr., et les secondes, de 700 fr.

29.—CAMILLE LE PAUL, serrurier mécanicien, rue de la Paix n° 2, à Paris; ayant obtenu des médailles aux expositions de 1827 et 1834.

Il fabrique et expose une serrure à pignon de 55 fr., une autre à goujon de 50 fr., une serrure de caisse à pignon de 70 fr., une petite serrure en cuivre à goujon de 20 fr., un modèle de parfumée se vendant en grand 10 fr. Il fabrique aussi les cadenas, les tourne-broches, les miroirs de chasse et tous les articles de ménage en fer poli.

30.—SIMON, naturaliste, rue de Tournon n° 5, admis à l'exposition de 1834, expose:

Un renard ayant une poule sous sa patte, et défendant sa proie. Plus un cèdre rempli de petits oiseaux des îles.

31.—POTTIER, gaînier, rue du Ponceau n° 1, à Paris, ayant obtenu des mentions honorables à la société d'encouragement et à l'Athénée des arts

Expose des cuirs à rasoirs en feutres-tissus de 4 f. 50 c., et des boîtes de pâte à rasoirs d'une once à 1 f. 75 c. Ces cuirs ont l'avantage de remettre en état les rasoirs les plus fatigués.

32.—DUBIGNAC, passage de la treille n° 5, près l'église Saint-Germain-l'Auxerrois.

Il a inventé plusieurs appareils pour la surdité et pour toutes les affections de la tête: auteur de plu sieurs ouvrages scientifiques, il expose divers modèles de ses appareils dont les prix varient depuis 2 jusqu'à 5o fr., et quelques exemplaires de ses ouvrages.

33. — MAUVAGE frères, rue Sainte-Croix de la Bretonnerie n° 16, à Paris. Inventeurs brevetés de taffetas végétaux epispastiques, approuvés par l'académie royale de médecine, et admis dans la pharmacie particulière du roi.

Ce taffetas végéto-epispastique, composé d'après les conseils de plusieurs médecins, pour l'entretien journalier des vésicatoires, est absolument exempt de cantharides et ne doit son action qu'à des préparations végétales, comme l'ont reconnu les analyses de MM. Thénard et Vauquelin, son emploi permettant de se panser soi-même, en voyage ou à la campagne, garantit de toute mauvaise odeur ; la force de son action, indiquée par divers numéros, est graduée suivant le besoin, et il est renfermé dans des boîtes contenant trente pansemens, ou dans des demi-boîtes de quinze pansemens, du prix de 2 fr. et ne se vendant que 1 f. 20 c. Les auteurs de ce taffetas, prient le public de ne pas le confondre avec des contrefaçons qui, n'ayant été soumises à l'examen d'aucun savant, et n'ayant été approuvées par aucune société de médecine, doivent être rayées des remèdes secrets, ne présentant aucune garantie.

34.—CAZAL, fabricant breveté de parapluies et d'ombrelles, rue Montmartre n° 169, à Paris.

Il a inventé un nouveau genre de parapluies dont la monture à tubes, à bagues et bascules est exempte de toutes entailles et ressorts, permet de les fermer et ouvrir avec plus de facilité sans craindre de se pincer les doigts, et les met dans le cas de pouvoir résister aux plus grands vents sans courir risque d'être retournés. Il expose des parapluies à tubes du prix de 5o à 6o f. ; des parapluies à bagues et bascules depuis 18 jusqu'à 55 fr., un parapluie à mètre et portefeuille de 156 fr., une ombrelle en cristal de 100 fr., et plusieurs ombrelles depuis 14 jusqu'à 35 fr.

55.—DURAND, orfèvre, rue du Bac, passage Sainte-Marie n° 8, ayant obtenu une médaille d'argent à l'exposition de 1834.

Ce fabricant expose un thé complet ciselé de 2500 f., et plusieurs autres pièces en vermeil, de formes et de grandeurs variées, dont les prix sont en raison de leur richesse, d'un goût et d'un fini admirables.

36. — LE CERF, fabricant de cheminées, rue Montholon, n. 15; il expose :

Un poële flamand de 120 fr., une cheminée à la prussienne de 150 fr., et une autre du même genre de 600 fr.

37. — SIMON, tabletier, rue Bourg-l'Abbé, n. 22, fabricant d'ouvrages d'écaille,

Expose diverses pendules à colonnes, incrustées de nacre et or, des garnitures de bureaux, un encrier et plusieurs souvenirs et autres articles de tabletterie.

38. — N. CHAROY aîné, mécanicien-armurier breveté, rue de Ménil-Montant, n. 48, à Paris, inventeur du *fusil à percussion, système Charoy.*

En 1832, le maréchal Soult, ministre de la guerre, ordonna que des épreuves seraient faites sur le fusil percutant : à cet effet, une commission fut instituée et composée du colonel du 12ème léger, président, d'un commandant, d'un capitaine, d'un lieutenant du même régiment, et d'un capitaine d'artillerie rapporteur.

La commission dit que chaque fusil a tiré cent-vingt coups, que les épreuves comparatives furent constamment en faveur des fusils percutans, et que leur supériorité fut encore plus marquée à l'épreuve de l'eau, puis elle ajoute :

A défaut de pluie, deux pelotons de voltigeurs ont été rangés en file sur les bords de la Marne, ils ont plongé leurs fusils dans la rivière, ceux à pierre n'y ont pas séjourné une demi-minute, et pas un seul n'a pu partir après cette épreuve ; les fusils à percussion y sont restés dix minutes, il n'y a eu que trois ratés, et les capsules changées, ils partirent de suite après cette immersion. Tandis qu'on fut obligé de décharger les fusils à pierre avec le tire-balle, car l'eau s'était introduite dans le canon par la lumière. Ensuite, des voltigeurs armés de fusils à percussion, se sont avancés dans la rivière de manière à avoir de l'eau jusqu'au-dessus de la ceinture, ils ont fait un feu bien nourri pendant vingt minutes, quoiqu'à chaque fois qu'ils passaient l'arme à gauche, ils plongeassent leurs fusils dans l'eau. Enfin la commission termine son rapport en continuant ainsi :

» D'après les résultats des expériences précé-
» dentes, la commission pense que les fusils Cha-
» roy offrent des avantages réels, long-temps dési-
» rés, qui se font particulièrement sentir dans les
» feux de tirailleurs de nuit, et surtout pendant
» les temps de pluie, elle croit que leur solidité
» présente des garanties suffisantes du bon ser-
» vice qu'on peut en espérer entre les mains des
» troupes.

Une seconde commission fut instituée en 1834, et composée du colonel du 46eme régiment de ligne, président, de quatre chefs de bataillon et de quatre capitaines d'artillerie, dont un fut rapporteur. Alors six cents fusils furent remis au 3eme bataillon du 46eme régiment à Vincennes, ces fusils restè-rent quatorze mois en service, et ont tiré environ chacun 1,000 coups à balles : 380,000 coups tirés servent à relever sur une grande échelle les coups partiels, pour bien apprécier toutes les chances du tir. Environ 220,000 cartouches ont servi à des épreuves de différente nature, relatives à des circonstances exceptionnelles; il y a eu soixante-treize séances pour les tirs à la cible à 200 mètres de distance. Dans son résumé, la commission s'exprime ainsi :

AVANTAGES DU FUSIL CHAROY.

« Le fusil Charoy, dans les circonstances ordi-
» naires du tir, par un temps sans pluie, et dans
» des expériences comparatives, a présenté des ré-
» sultats qui le plaçaient bien au-dessus du fusil à
» pierre, ceux-ci ayant donné un raté sur ving-deux,
» les fusils percutans un raté sur cinquante-deux.
» Lorsque les armes sont chargées et exposées à
» toutes les vicissitudes du temps, les avantages
» sous le rapport de la certitude du tir sont plus
» marqués encore et sont très-importans, car c'est
» surtout la probabilité du départ du premier coup
» qui est augmentée dans une forte proportion.
» Les ratés au 1er coup sont bien moins nom-
» breux, toutes circonstance égales, qu'avec les
» fusils à pierre, et quelque temps qu'il fasse, lors-
» que le feu est entamé, il se poursuit avec la
» même certitude.
» La justesse du tir est plus grande que celle des
» fusils à pierre dans une proportion remarquable,
» ceux-ci n'ayant placé dans la cible qu'une balle
» sur cinquante-six, les fusils percutans, une balle
» sur trente-cinq, et dans des tirs d'une plus grande
» justesse, les fusils à pierre n'ayant mis qu'une
» balle sur quarante-deux, et les fusils percutans
» une balle sur vingt-quatre.
» Si la pluie a pénétré la charge d'une arme à
» la rendre pâteuse, on peut faire partir le coup du
» fusil percutant, en introduisant de la poudre
» sèche dans le canal d'amorce et en brûlant une
» capsule.

» Les feux d'ensemble sont bien nourris et plus
» rapides qu'avec les fusils à pierre , dans le rap-
» port de 3 à 4.

» Le chargement du fusil est simple, rapide et
» se fait bien de jour et de nuit par des temps froids
» et de pluie ; il n'est point néscessaire d'épingler.

» Le système percutant , appliqué à la platine ,
» fonctionne sans empêchement.

» Après les épreuves faites à la poussière ou avec la
» boue, l'arme chargée ou non chargée , la certi-
» tude du tir est à peine altérée par ces épreuves.

» L'entretien de l'arme pour le soldat est beau-
» coup plus simple que pour le fusil à pierre , et
» diminue les chances de dégradation. Cet entre-
» tien pour le maître armurier est facile , il sera peu
» coûteux et permettra de réduire l'abonnement
» qui s'élève à 31 cent. par fusil percutant, tandis
» que celui à pierre coûte maintenant un 1 fr. 20.

» La solidité du fusil percutant est aussi bonne
» qu'on peut le désirer , et ces fusils peuvent être
» renversés même du côté de l'amorçoir et de la
» hauteur des hommes, ou projetés , sans que cela
» puisse en rien les empêcher de fonctionner.

» Lorsqu'on plonge ce fusil chargé dans l'eau
» jusqu'au dessus de la platine , la probabilité de
» son départ est peu diminuée.

» Ces armes offrent le grand avantage de n'appeler
» que rarement le soldat hors des rangs pendant le
» feu pour de légères réparations.

» Enfin les fusils Charoy ont eu pendant le cours
» des épreuves des avantages tellement prononcés ,
» que l'unanimité du bataillon chargé de ces épreu-
» ves les a signalés comme bien supérieurs aux
» fusils à pierre , et fait des vœux pour leur adop-
» tion. »

Nota. Dans les ratés dont il est fait mention dans
cet article , ils sont pris en masse, et quelques fusils
défectueux ont chargé les autres ; ce qui le prouve,
c'est qu'on trouve dans le rapport d'un capitaine du

27 septembre, que malgré la poussière qu'on a jetée par deux fois sur les amorçoirs avec des pelles et des balais, sur 1290 coups tirés dans sa compagnie, il n'y a eu ce jour-là qu'un raté, le 900me à peu près.

Dans une autre expérience, les fusils étant en faisceaux, on a couvert les amorçoirs de boue, on a renversé ces armes avec violence, ensuite on les a lavées dans des baquets en les enfonçant dans l'eau jusqu'à la première capucine ; sur 42 fusils il n'y eut que 3 ratés à la première salve, et un raté de platine pendant toute la séance, chaque fusil ayant tiré 30 coups.

Les porte-capsules et magasins ont été jetés sur le pavé, la compagnie a marché deux fois par le flanc sur ces ustensiles, qui, ramassés ensuite, ont tous fonctionné, seulement deux ou trois avec peine, quoique les avaries fussent grandes et générales.

Les fusils, après un tir de 30 coups chacun par un temps de pluie, ayant été rechargés presque aussitôt et mis en faisceaux dans la cour de Vincennes, restèrent exposés pendant 24 heures à cette pluie qui fut presque continuelle, et ne donnèrent le lendemain que neuf ratés sur plus de 400 coups tirés au premier feu, bien que ces armes fussent dans le plus mauvais état.

Ce système peut s'adapter avec facilité à tous les fusils de guerre et de chasse. Pour modèle de ces fusils, M. Charoy aîné en expose un de munition et un autre de chasse.

39. — E. Frosté, fabricant de cols, rue du faubourg Montmartre, n. 4, au 1er, à Paris, admis à l'exposition, et fournisseur de S. A. R. le prince de Joinville.

« Dans un rapport fait à l'Académie de l'Industrie
» par le comité des manufactures, il a été constaté
» que les produits de ce fabricant étaient d'une per-

» fection et d'une qualité qui ne laissent rien à dé-
» sirer, et que nonobstant ce double avantage , ses
» prix sont presque de moitié moins élevés que ceux
» des autres maisons; c'est à ce titre que l'Académie
» de l'Industrie lui a décerné une médaille en
» 1835. »

Pour modèles de ses produits, M. Froslé expose
un col à châle satin, 9 fr.; un col gros grain écharpe,
9 fr.; une cravate genre anglais, 9 fr.; un col
à pans carrés, 8 fr.; trois cols à nœud, différentes
façons, 5 fr.; un col satin ordinaire, 3 fr. 50 c.; un
col uni velours d'Amiens, 1 fr. 75 c.; un id. à nœud,
id. 2 fr. 50 c.; un col blanc, 1 fr. 25 c.; un id. 2 fr.

40. — MEYNARDET, fils aîné, ébéniste et fabricant de meubles, rue du faubourg St-Antoine, n. 52.

Fait toute espèce de meubles d'ébénisterie et fauteuils, depuis les plus communs jusqu'aux plus riches.

Il expose une table ronde en palissandre avec incrustations en cuivre, du prix de 1000 fr., plus
quelques autres objets.

41. — LEMOINE, fabricant de crayons, rue du
Four-St-Honoré, n. 12, ayant obtenu une
mention honorable à l'exposition de 1834.

Il expose une montre remplie de crayons à dessiner, noirs, blancs et de toutes formes, ainsi que
des pastels veloutés et des pastels en écorce renfer-
més dans des étuis.

42. — JOANNE frères, fabricans brevetés des
lampes astéares , ayant reçu une médaille à
l'exposition de 1834, et une autre d'argent de
l'académie de l'Industrie en 1835. Leur fabrique est à Paris, rue Saint-Avoye, n° 63, et leur
dépôt chez Madoulé, tabletier , passage Choiseul, n° 62.

Les Astéares dont M. Joanne est l'inventeur,

sont des lampes à contre-poids tellement bien disposées, que leur bec reçoit l'huile et la brûle sans aucune intermittence. Ce fabricant fait deux sortes d'Astéares, savoir : 1º les *lampes chandelles* ou petites lampes, ne brûlant que pour un centime d'huile par heure, et éclairant autant qu'une chandelle, 2º les *lampes Astéares à courant d'air*; ces lampes méritent surtout une attention particulière de la part du public; car par suite de leur construction, elles éclairent sans projeter aucune ombre aussi bien que les lampes mécaniques, n'exigent que les soins des lampes ordinaires, et ne coûtent, à richesse et grandeur égale, que moitié des lampes Carcel.

M. Joanne, pour mieux faire juger des améliorations qu'il a apportées dans la construction de ces nouvelles lampes, expose comme modèles un grand nombre des unes et des autres, dont on trouvera toujours un assortiment complet à son dépôt, passage Choiseul.

L'*Astéare* se compose de deux tubes, l'un extérieur formant le corps de la lampe; l'autre intérieur, dans lequel l'huile, refoulée par un poids qui appuie sur le piston, monte par l'ouverture placée à la hauteur du bec et alimente la mèche. On remarquera que, dans sa partie supérieure, ce tube traverse le réservoir, et qu'en cet endroit il est percé d'une ouverture latérale qui donne passage à l'huile.

Manière de se servir de la lampe chandelle.

Placement de la mèche. — La mèche doit être placée dans le porte-mèche, puis celui-ci armé de sa mèche doit être glissé dans le réservoir de la lampe, du côté où se trouve l'ouverture du petit tube par laquelle arrive l'huile. C'est la pression plus ou moins forte de la mèche sur cette ouverture qui laisse à l'huile un passage plus ou moins facile. L'usage apprendra aisément à saisir le point convenable pour que l'huile n'afflue à la mèche ni trop ni trop peu, et pour qu'elle donne une lumière constamment égale. On doit couper la mèche en creux pour éviter la fumée.

Versement de l'huile. — Lorsque le grand tube est vide, ce que l'on voit facilement quand il n'y a presque plus d'huile au-dessus du piston après sa descente au fond de ce grand tube, on enlève le réservoir assez pour que le bec de la burette puisse entrer dans le tuyau du chandelier, alors on verse l'huile dont il ne faut pas remplir entièrement la lampe, ensuite on abaisse le réservoir d'abord dans le tube, puis on le relève très-doucement et assez haut pour que l'huile qu'on a versée par dessus le piston s'écoule et passe en dessous, en faisant un petit bruit, et on laisse retomber le tube inférieur jusqu'au fond; le piston reste dès-lors au-dessus de l'huile, la presse de son poids, et commence sa fonction de refoulement. La lampe est prête, mais on doit répéter la même opération, c'est-à-dire relever le piston chaque fois que l'on veut allumer sa lampe. De même au bout de deux heures si la lumière fléchit.

Il ne faut jamais faire sortir entièrement le piston de cuir du grand tube, si ce n'est pour nettoyer la lampe. Dans ce cas, et pour le remettre, il faut tenir le poids au dessus, puis le faire entrer un peu de côté, en ayant bien soin qu'il ne soit pas froissé, que les bords du cuir ne se relèvent point et qu'il conserve bien sa forme concave; après quoi on laisse doucement glisser le poids par dessus.

Quant aux lampes Artéares à courant d'air, que M. Joanne fabrique pour salons riches ou ordinaires, et de toutes dimensions, elles n'exigent que d'avoir leur mèche coupée chaque matin, et d'avoir leur piston élevé au-dessus de l'huile avant de les allumer.

43. — Son Altesse sérénissime Monseigneur le

prince **CHARLES** le Landgrave de Hesse, à Gottorp (Danemarck).

Cet honorable et respectable prince, quoique bientôt octogénaire, se livre toujours à des travaux métallurgiques fort intéressans : notre exposition lui doit divers objets, qu'il s'est empressé de faire passer à notre Académie dès le jour qu'il a su l'exhibition que nous nous proposions de faire cette année dans l'intérêt des industriels. Ces objets sont : un miroir en fer monté sur un métal de son invention, miroir présentant toutes les qualités de ceux en glace sans en avoir la fragilité. Ce miroir est destiné par son altesse sérénissime à sa majesté la Reine des Français, et un autre à S. R. Madame Adélaïde.

Plus divers lingots de métal de son invention, connu sous le nom de *New Platina*, alliage qui a coûté au prince Charles de Hesse beaucoup d'essais et qui pourrait peut-être se trouver employé dans l'industrie avec avantage.

44. — Charles **BAZIN**, peintre, élève de Giraudet et Gérard.

Expose un portrait en pied représentant une dame Anglaise en costume de fantaisie.

Un portrait de M. César Moreau, qui exerça des fonctions consulaires de 1816 à 1829 en Angleterre, où il mit en communication les corps savans et d'utilité publique de ce pays avec ceux de France, et qui à son retour en 1830 fonda l'Académie de l'Industrie, déclarée depuis 1830 institution d'utilité publique.

45. FÉRON, rampiste, rue de Clichy, n° 29, admis à l'exposition de 1834.

Le luxe que nos architectes mettent aujourd'hui dans la construction des escaliers a fait imaginer plusieurs espèces de mains courantes d'un grand prix, disait le journal le Temps du 26 mai 1834. Anciennement on se contentait de la rampe en fer ; plus tard on la recouvrit d'un revêtement en bois, moins rude et moins froid au toucher : mais de nos jours on en a fait un objet d'art et de curiosité : aucun fabricant ne s'entend mieux que M. Féron, à embellir une main courante d'escalier d'incrustations en mosaïque, et à assembler les pièces d'une manière invariable.

Ses incrustations pénètrent à trois lignes de profondeur, aussi sont elles autrement solides que les mosaïques ordinaires, qui n'ont que l'épaisseur du placage. Les rampes de ce fabricant sont aussi remarquables par la netteté des formes, et la régularité des moulures que par le bon goût des ornemens. Nous recommandons surtout aux amateurs un modèle de forme thyrse dont l'exécution doit avoir présenté beaucoup de difficultés. Le moyen employé par M. Féron pour empêcher que les pièces de ces rampes n'éprouvent du retrait par la sécheresse et ne se séparent, consiste à refouler le bois près des points de jonction.

Ces mains courantes étant faites en partie à l'aide de machine, se vendent à un prix fort peu élevé : pour donner une plus juste idée de ses rampes, M. Féron a exposé plusieurs modèles de mains courantes, parmi lesquelles on en voit d'ornées d'incrustations en mosaïque de trois lignes de profondeur, ce qui leur donne une solidité bien supérieure aux mosaïques ordinaires, n'ayant que l'épaisseur du placage, c'est-à-dire une demi-ligne.

La précision de la mosaïque, la régularité des moulures, l'élégance et la solidité, tout s'y trouve réuni : il présente aussi un de ces modèles de forme thyrse, d'une grande difficulté d'exécution et pourtant d'une régularité parfaite ; enfin il a exposé plusieurs assemblages combinés de manière à éviter le retrait du bois.

46. — LOMBARDAT, graveur, rue du Four Saint-Hilaire, n° 8, près le Panthéon, à Paris, a obtenu, à l'exposition de 1834, une mention honorable, et une médaille sous le nom de M. Rignoux. M. Lombardat est propriétaire d'une collection complète de poinçons pour la frappe des matrices en romain, italique, poétique, compacte, deux points maigres et gras, ronde, anglaise, gothique allemande et ornée, grecque, arabe, etc., etc.

M. Lombardat, après avoir été graveur de M. Firmin Didot pendant dix ans, et après avoir gravé la collection complète de M. Rignoux, celle de M. Fain, monté plusieurs fonderies, tant en France qu'à l'étranger, et après avoir inventé les caractères compacts, qui ont rendu un service si important à l'imprimerie, ainsi qu'aux journaux, vient de se former un cabinet de gravure pour la frappe des matrices, cabinet dont tous les poinçons ont été gravés par lui, avec une pureté d'exécution qui lui a mérité jusqu'à ce jour l'approbation des artistes en ce genre : il se compose de plus de dix mille poinçons, tant en caractères romains, italiques, sur tous les corps, gras et maigres, lettres de deux points, de la plus belle série de gothiques allemandes qui existe en Europe, de gothiques ornées sur plusieurs corps, rondes, anglaises, grecques, arabes, égyptiennes, etc., etc. Il se propose de donner successivement et par feuille les épreuves de tout ce qui compose et composera le fonds de son cabinet, afin de faciliter le choix des personnes qui voudront bien l'honorer de leur confiance ; il se charge de la gravure de tous types ou poinçons que l'on ne trouverait pas sur ses épreuves, et pour accélérer l'exécution des demandes, il se charge de la justification et généralement de tous les ustensiles se rattachant à la fonderie.

Le prix des matrices du corps 6 au corps 12 est de 1 fr. 50 cent. Le prix augmente au fur et à mesure de leur grosseur.

On peut lui adresser directement les commandes,

et il promet une exécution prompte et satisfaisante.

Pour modèle de la pureté de ses poinçons , il expose trois tableaux représentant des épreuves de quelques-uns de ses caractères.

47. — Jacques-Louis VALÈRE, peintre-paysagiste, rue de la Madeleine , il expose :

1º Entrée du village de Maule-Maison,près Besançon (Doubs); effet de neige.

2º Une vue de la fontaine du village de Magnié (Doubs).

48. — FANON, layetier, coffretier , emballeur, rue Montmartre , nᵒˢ 170 et 172, à Paris, breveté du roi.

M. Fanon a imaginé des *champignons mécaniques* servant à l'emballage des chapeaux de dames , et des *boîtes de voyage* admirablement distribuées pour la conservation des objets qu'on y dépose.

M. Fanon, auquel le jury de l'exposition de 1834 a accordé une mention honorable , possède un établissement connu depuis nombre d'années, et qui présente sur tous les autres du même genre des avantages incontestables. — On y trouve un très-grand choix de tous les articles de voyage , tels que malles en cuir de toute espèce , étuis assortis pour chapeaux et parapluies , sacs de nuit, porte-manteaux , musettes , chancelières et chaufferettes , tabourets à eau bouillante , ronds de siége, cabas, etc.

Et se charge de la confection des emballages pour les objets les plus fragiles, tels que pendules, groupes d'albâtre , glaces , porcelaine, candelabres, lustres , cristaux , tableaux , meubles , robes et chapeaux , en général tous les objets les plus délicats.

Emballe également en toile cirée, toile grasse, toile et paille , et se charge de toute expédition de douane et de roulage.

Pour modèle de ses produits, il expose :
Une boîte à robe de trois châssis, un couvercle

en toile imperméable, bordée, 3o fr. ; une boîte de
deux chapeaux, en cuir, avec champignons, 8o fr. ;
une boîte d'un chapeau, séparation et planchette
en noire, couvercle en toile imperméable, avec
champignon, 4o fr. ; une boîte d'un chapeau, et
séparation en blanc, et un couvercle en toile imperméable, 18 fr.; une boîte à bonnets et collerettes en
blanc, sans couvercle imperméable, 10 fr.

« Les boîtes à champignons mécaniques, a dit le
rapporteur, chargé de rendre compte de l'exposition
de Valenciennes, sont très-légères et très-commo-
des; le champignon est d'un mécanisme très-ingé-
nieux ; il retient le chapeau avec solidité, sans secours d'épingles, et ne lui permet pas d'appuyer
sur les parois de la boîte. Les dames peuvent elles-
mêmes renfermer dans ces boîtes tout ce qui compose leur toilette, sans crainte que rien ne perde
de sa fraîcheur ou de son apprêt pendant le voyage.
Quoique d'un prix un peu élevé, les boîtes de M. Fanon sont cependant très-économiques par les services qu'elles rendent. La commission a cru devoir en
recommander l'usage, en décernant à l'inventeur
une mention honorable. »

49. — SELVEGER dit BANGRACE fils, stucateur,
rue de la Vannerie, n° 27, à Paris,

Fait et remet les stucs à neuf, travaille l'albâtre
en tous genres, et fait les restaurations; auteur des
fort belles colonnes en stuc de Notre-Dame-de-
Lorette. Pour modèle de son habileté, il expose
plusieurs petites colonnes.

50. — COSNUAU, serrurier mécanicien, rue Saint-
Denis, n° 302; dans le passage, n° 12, admis
à l'exposition de 1834, expose cette année:

Un tournebroche à ressort avec chaîne polie
N° 3, du prix de 200 fr. ; un dito N° 3, 5o fr. ;
un dito N° 2, 45 fr. ; un dito N° 1, 4o fr. ; un dito
N° 1, 35 fr. ; un à ressort rond porté sur deux
pieds, 5o fr. ; un dito N° 1, 3o fr.

51. — Zegelaar, fabricant de cire à cacheter, façon de Hollande, rue de la Corderie, n° 1, au Marais à Paris, admis à l'exposition de 1834 et ayant obtenu une médaille d'argent de l'académie de l'industrie en 1835.

Cette fabrique soutient toujours la réputation qu'elle possède depuis deux cents ans pour la fabrication des cires rouge, noire et de toutes les couleurs ; elle est arrivée à les porter au plus haut degré de perfection, et a leur donner un poli ayant l'éclat du vernis le plus brillant.

Pour exemple de la beauté de ses produits elle expose une montre remplie de cires de toutes qualités et de toutes les nuances.

52. — Frédéric Charoy breveté, artificier du Roi, de la ville de Paris, à l'homme de feu, faubourg du Temple, n° 124, inventeur de bombes de guerre éclatant en arrivant au but.

Ces bombes n'éclatent qu'au moment où elles frappent le but, et ne déterminent qu'à cet instant directement l'inflammation des matières incendiaires qu'elles renferment, sans avoir recours à une fusée qui par la trace de lumière qu'elle laisse après elle pendant la nuit, trahit le passage et la direction du projectile, fusée dont l'inconvénient encore est d'avoir une durée toujours variable suivant les circonstances du tir et d'être par conséquent irrégulière et incertaine malgré les soins et les calculs de l'artificier.

53. — Fugère dit **Fougère** cadet, fabricant de bronzes, rue des Marais du Temple, n° 18 à Paris, auteur d'un nouvel alliage admis à l'exposition de 1834.

Les objets exposés par M. Fugère sont fabriqués avec un métal de son invention, qui, tout en ayant l'aspect du bronze, diffère pourtant de cet alliage de manière à tenir le milieu entre la valeur du bronze et celle de la fonte de fer. Les objets confectionnés avec ce nouveau métal ont l'avantage de pouvoir être vendus à très bas prix auprès des objets en bronze, de pouvoir être réparés au moyen de la soudure et de ne pas craindre l'écaillement comme le bronze, dont le zinc repouse toutes les couleurs que l'on applique par les moyens connus sur cet alliage. Cette imitation de bronze a de plus l'avantage de pouvoir être lavée et essuyée sans courir le risque d'être écaillée. M. Fougère a également un procédé d'incrustrer l'or et l'argent mat ou de plusieurs couleurs.

Pour modèle de ses produits M. Fugère expose le buste de S. M. le Roi des Français en fonte de fer, imitant le bronze. — Un pied de lampe à griffes, incrusté en or jaune, rouge mat et en argent. — Un pied de lampe, en imitation de bronze florentin avec griffes et têtes de lion. — Un buste de Henri IV, en métal imitation de bronze florentin, incrusté en or rouge et avec incrustations de bronze florentin et d'argent.— Une colonne en marbre de Sienne. — Et divers objets en imitations de dorure au mat sur bronze naturel et sur composition, imitations de bronzes, telles qu'un monument funéraire, une lampe antique, un candelabre, etc.

54.— M. Lamy, rue de la Verrerie, nº 67, fabricant de baignoires en zinc, et ferblanterie polie, admis à l'exposition de 1834.

Ces baignoires d'un nouveau genre sont en zinc poli, et réunissent la solidité à l'élégance des formes. Elles ont de plus l'avantage de servir à toutes espèces de bains, car elles ne reçoivent aucune altération des eaux minérales et ne conservent aucune odeur. Il fabrique également la même baignoire non polie à des prix très-modérés.

On trouve chez M. Lamy un assortiment de cafetières à filtres et généralement toute ferblanterie polie. Expose une baignoire en zinc, vernie à l'extérieur et polie en dedans, de 250 fr., et une en zinc simplement, de 90 fr.

55. — Monain, perruquier-coiffeur, rue St.-Honoré n° 181 au premier.

Il fabrique des perruques et toupets en frisure naturelle sans tul, pour faciliter la transpiration, d'autres métalliques à pressions volontaires, d'autres implantés à pressions mécaniques, permettant d'y adapter toutes sortes de pressions, bandeau lisse implanté à pointe et frisé.

56. — Zani, fumiste, rue du faubourg St.-Martin, n° 157.

Expose un fourneau économique de nouvelle invention, contenant une plaque à poser les casseroles, un four à rôtir, une étuve, une rôtissoire dont la broche tourne par le feu, un foyer à cuire les côtelettes, un bassin dans lequel on maintient toujours de l'eau chaude, bonne à tous les usages de la cuisine.

57. — Baudry, fabricant de meubles, fournisseur du Roi et du domaine, rue neuve St.-Roch, n° 10 à Paris.

Ayant obtenu une médaille à l'exposition de 1827, expose un meuble gothique complet de chambre à coucher en palissandre, ainsi qu'un lit en bois indigène et plusieurs autres petits meubles.

58. — Hildebrand, fondeur, rue St.-Martin, n° 202 à Paris, ayant obtenu des médailles d'encouragement aux expositions de 1823, 1827 et 1834.

Il fabrique pour les églises, les cloches de toutes grosseurs, en garantit les accords et la plus belle harmonie, timbres d'horloger de tous diamètres, timbres polis pour les pendules et les montres à répétitions ; sonnettes de tables dans les goûts les plus nouveaux , autres sonnettes en métal de timbres , grelots , robinets , marteau et mascarons en cuivre pour les fontainiers. Il expose pour modèle quatre petites cloches en accord ; diverses sonnettes de table et des cimbales à l'instar de celles de Turquie et un tamtam semblable à ceux qui nous viennent de la Chine.

59. — Delormel , fabricant de ruches, rue Cloche-Perche, n° 6 à Paris.

Expose deux ruches dont une d'observation et l'autre propre au service habituel.

60. — Bretel , fabricant d'appareils orthopédiques , rue Montmartre 131 et le 15 juillet même rue, n° 53.

Ce fabricant auquel l'académie de l'Industrie a décerné une médaille en 1836 , confectionne avec une habileté remarquable tous les appareils nécessaires à l'orthopédie. Il a exposé ; Un corset mécanique en acier poli, destiné à empêcher et prévenir la torsion dorsale chez les jeunes sujets. Un autre corset nommé *chirurgico-hygiénique* , pouvant se porter seul pour grande toilette, avec ou sans mécanisme ; il sert aussi à prévenir les défectuosités de la taille. Autre corset habillé , avec lequel on peut se lacer seul et sans le secours de mains étrangères. Autre enfin , nommé *zéphir* dit du matin, surtout pendant les chaleurs, commode pour l'équitation , l'état de gonflement ou de pesanteur des seins, il est dégagé de busc et de baleine, et se ferme par une seule agrafe. Corsets pour l'état de gestation, extrêmement légers, servant pour les 4 ou 5 derniers mois. Diverses espèces d'appareils thoraciques et exomphales servant de jour et de nuit, ceintures extrêmement commodes pour les renfermer. Et diverses autres pièces mécaniques et orthopédiques séparées.

61 — **Wagner**, horloger mécanicien du Roi, rue du Cadran n° 39 à Paris, ayant obtenu des médailles d'argent et des rappels aux diverses expositions de l'industrie nationale.

M. Wagner est trop connu pour que nous ayons besoin de rappeler les services qu'il a rendus à l'industrie. On lui doit l'établissement de plusieurs phares très-remarquables, d'un grand nombre d'horloges publiques, l'introduction en France et l'invention de procédés particuliers pour tailler les roues dentées des engrenages à précision des machines de précision employées dans l'horlogerie, les filatures, et dans les autres manufactures, enfin son industrie est en quelque sorte populaire, bien qu'elle soit aidée de toutes les ressources de la science, disait le rapport du jury central sur les produits exposés en 1827.

Les prix de ses horloges, celles de commune sonnant l'heure et les quarts varient de 800 à 1200 francs en raison du poids de la cloche ; ceux des horlorges de villes sonnant de même, de 1500 à 3000 fr., suivant les mêmes circonstances, ceux des très-fortes horloges, de 3,000 à 6,000 fr. ; ceux des horloges de châteaux, usines ou manufactures, sonnant l'heure et la demie, de 400 à 600 fr. sonnant sur un timbre de 7 à 12 kilos., et de 800 à 1200 fr. sonnant sur une cloche de 40 à 150 fr. M. Wagner, dans ses prospectus, fait observer que la pose et les cadrans se payent à part; les cadrans peuvent être en bois, cuivre, pierre, ou recouverts de plomb ou d'émail; les horloges marchant 8 jours sans être remontées, augmentent de 50 p. 0[0. M. Wagner expose une grande et forte horloge horizontale ; cage en fer, rouage en cuivre, lanternes en acier fondu, échapement à chevilles. Son volume est de 6 pieds de long sur 2 pieds de large.

Elle sonne l'heure et la demie, et répète l'heure par une seconde sonnerie, la cloche sur laquelle elle frappe, pèse 8,000.

Cette belle pièce est commandée par la ville d'Uzès, département du Gard. Un beau régulateur de cabinet, une pendule d'amateur, une horloge de château.

62. — BARBOU, serrurier breveté pour ses indicateurs à sonnettes, rue Montmartre, n° 58, à Paris.

Ces indicateurs à sonnettes sont d'une extrême simplicité, et peuvent être d'un avantage très-grand pour les maisons bourgeoises, les hôtels garnis, les pensions, les bureaux, les bains, et en général pour tout établissement public ou particulier, parce qu'ils peuvent éviter des dérangemens et des pertes de temps.

Ils communiquent de suite, d'une pièce à une autre, le désir d'un maître aux gens de sa maison, d'un directeur à ses employés, etc., etc. M. Barbou expose: 1° Un indicateur à sonnettes dont chaque case correspond fidèlement avec une case pareille du cadran placé dans le lieu où se tiennent les personnes qu'on a besoin d'avertir ; le mouvement des aiguilles se fait en même temps dans les deux endroits, et on donne seulement un coup de sonnette pour prévenir que l'aiguille se trouve placée sur l'objet demandé.

N° 2. Un second Indicateur d'un autre genre; il suffit de tirer le coulisseau et de l'arrêter au point qui indique l'objet dont on a besoin.

Dans les deux Indicateurs, les mots se changent à volonté très-facilement.

N° 3. Porte se fermant d'elle-même par un procédé simple, sans opposition de force, et sans bruit, n'étant sujette à aucune réparation.

Un contrepoids faisant ressort, moyen pour fermer les portes sans bruit ; un gril à égouttoir pour les charcutiers.

43. — BONNOT, CERCUEIL et GOMBAULT, fabrique

de Maillechort, rue Traversière St.-Antoine, n° 9 à Paris.

Successeurs de MM. Charlier et compagnie, ils fabriquent du Maillechort ou métal imitant l'argent dont il a toutes les qualités, même celle d'endurer mieux le feu et qui coûte 4 fois moins; ils continuent de fabriquer en grand par le moyen d'une machine à vapeur, les couverts, plats, casseroles, théières, cafetières et tous les ustensiles de ménage tant en blanc qu'en vermeil ; ce dernier est aussi beau et plus solide que celui sur argent. On trouve également à leur fabrique, du fil et du laminé de toutes grosseurs et épaisseurs. Il expose divers objets en blanc ou dorés, fabriqués dans ses ateliers.

64. — HOUDAILLE, bréveté, bijoutier de la Reine, rue Saint-Martin, n° 171, à Paris, ayant obtenu une médaille à l'exposition de 1834 et une médaille d'argent, de l'académie de l'industrie en 1836, expose

Un cadre contenant des bijoux en imitation d'or, en fer de Berlin et en acier.

1°. Les bijoux en imitation d'or joignent à l'avantage d'être livrés au commerce à des prix très minimes, celui d'être garantis d'une dorure à toute épreuve, et fabriqués avec le plus grand soin dans tous leurs détails. Il suffit du reste de les examiner pour les apprécier. Les prix des boucles sont de 2 fr. à 12 fr. environ, et ainsi des autres articles plus ou moins.

2°. Les bijoux en fer genre de Berlin sont d'une légèreté et d'une finesse de travail très-remarquable: se vendent à très bon marché, et sont en tous points préférables à ceux de Prusse.

3°. Quant aux bijoux en jais, ils joignent à beaucoup de brillant une très grande solidité, les pierres rivées sur la boucle ne peuvent s'en séparer. Ce nouveau moyen assure le succès des bijoux en jais, qui jusqu'ici offraient peu de solidité. En somme, dans ses trois genres de bijouterie, ce fabricant est arrivé aux résultats les plus heureux.

65. — MICOUE, fabricant d'appareils imperméables.

Il expose : *Outres françaises* imperméables pour le transport des boissons et autre liquides, approuvées pour le service des troupes, par les rapports de plusieurs chefs de corps, rapports adressés au ministère de la guerre.

Clissoirs de diverses formes et d'usage facile, en cuir imperméable, et incorruptible aux corps gras, approuvé par la faculté.

Chauffrettes hydrocalonique, ces chauffrettes ont mérité les suffrages du jury, à l'exposition dernière.

Corsets nautiques et de sauvetage, d'une importance recommandable aux navigateurs, et à toutes les personnes qui s'exercent à la natation.

Urinoires souples pour les rétentions ou les voyages. *Tuyaux élastiques* sans couture, pour les soutirages et transvasions des liquides, obéissant à tous les mouvemens sans gêner en aucun cas le trajet des liquides, etc., etc.

66. -- NEUBER, ingénieur mécanicien.

Cet industriel expose les objets suivans : une machine de son invention, à graver les teints des gravures, au moyen de laquelle on peut graver les lignes droites de tous les écartemens en parallèle et en dégradent de la plus grande égalité, ainsi que toutes les lignes courbes. Cette machine est principalement construite pour les plaques d'acier ou de cuivre, mais d'autres machines de cet artiste, remplissant le même but et déjà en usage dans les ateliers de plusieurs de nos premiers lithographes, sont propres à graver sur acier, cuivre et pierres lithographiques, et la précision de ces instrumens, ainsi que la facilité de leur servir ont réuni les suffrages de tous ceux qui s'en servent.

67.— Moussier-Fièvre, marchand orfèvre-bijoutier, fabricant breveté, rue des Fossés-Montmartre, n° 27, inventeur d'un alliage reconnu pour être aussi propre et aussi sain que l'argent. Il expose tout un service fabriqué avec cet alliage.

68. — Bordon, ex-associé et successeur de Lhomond, fabricant breveté des cheminées parisiennes perfectionnées et appareils intérieurs à foyers rayonnans, rue Coquenard, n° 44, faubourg Montmartre, à Paris, ayant reçu des mentions honorables aux expositions de 1823, 1827 et 1834.

Les cheminées de M. Lhomond sont trop connues pour en parler, nous rappellerons seulement que ces appareils à régulateur articulé, exempts d'odeur métallique, par conséquent salubres, préservent les appartemens de la fumée habituelle, économisent plus de moitié de toutes espèces de combustibles, se placent en moins de trois heures dans les cheminées de toute forme et dimension, et se déplacent également avec autant de facilité.

69. — Les docteurs Cresson Dorval et Sanson, rue Hauteville, n° 41, fabricans brevetés du nouveau système de bandage herniaire en caoutchouc et à air, de pessaires et de divers autres appareils en gomme élastique.

Les accidens plus ou moins graves que l'on observe fréquemment dans l'exercice de la médecine, et qui son toujours les conséquences de l'usage prolongé des bandages herniaires à pelote rembourrée de différentes matières, leur ont suggéré l'idée de la modifier de manière à éviter ces inconvéniens :

la pelote seule fut donc, à leurs yeux, la portion de
l'instrument qu'il fallait complétement changer ; à
cet effet, ils ont fait choix d'une substance qui, par
ses propriétés diverses, devait remplir le but qu'ils
cherchaient à atteindre.

Le caoutchouc, cette résine élastique dont l'im-
perméabilité et l'inaltérabilité offrent tant d'applications dans les arts, a été soumis à leurs manipu-
lations, et après de longs essais ils sont parvenus
à lui donner, d'une manière constante, toutes les
formes et dimensions qui ont paru nécessaires : la
pelote de leurs bandages est donc en caoutchouc
pur et constitue leur *nouveau système*.

Elle consiste dans une vésicule insufflée d'air, *hermétiquement* fermée et en rapport de dimensions
avec les différens écussons des ressorts, ensuite
elle est fixée sur l'écusson par d'autres enveloppes
en caoutchouc, recouvertes de peau, etc. On co-
çoit facilement que l'élasticité de l'air contenu dans
ces pelotes jointe à celle de la matière qui les compose, ne peut exercer sur les tissus vivans qu'une
pression douce. Ce changement très-important offre,
dans cette branche de la chirurgie, des avantages
incontestables.

Ces fabricans ne se sont pas uniquement bornés
dans l'emploi du caoutchouc aux seules pelotes de
bandages herniaires, ils ont également conçu l'idée
de le faire servir à d'autres instrumens de chirurgie :
les pessaires, formés de toute matière plus ou moins
dure, leur ont paru réclamer des améliorations,
non-seulement dans leur structure, mais encore
dans leur forme. Les personnes qu'une infirmité con-
traint à en faire usage, trouvent presque toujours
que le remède est pire que le mal, soit dans son
introduction soit par son séjour prolongé, et la plupart des médecins en sont convaincus. En conséquence, après s'être assurés, par les observations
de plusieurs de leurs confrères et par leur expérience personnelle, de l'avantage qu'offrent ceux

en caoutchouc, ils se sont livrés à la fabrication de pessaires qui, par le travail, sont devenus d'une solidité suffisante pour soutenir les différens déplacemens sans nuire à la flexibilité nécessaire à leur introduction, et sans irriter les surfaces muqueuses, de sorte que les malades elles-mêmes en font l'application avec autant de dextérité que le médecin appelé à cet effet.

Ils fabriquent aussi des bouts de sein en caoutchouc pur (les propriétés de cette substance inaltérable les dispensent de faire l'énumération des avantages que l'expérience constate journellement), ainsi que des biberons d'une forme toute nouvelle, et de l'usage le plus simple : l'allaitement artificiel est beaucoup plus certain avec ce genre de biberon, qu'avec tout ce qui a paru jusqu'à ce jour ; nous pouvons l'affirmer.

70. — GUITTON, marchand épicier, fabricant de cirage breveté, à Paris, rue des Vieux-Augustins, n° 58.

Il fabrique le cirage à l'huile et à l'esprit de vin, ainsi que le vernis pour chaussure et le cirage à harnais. On garantit que ce cirage ne brûle pas. Tient la brosserie.

71. — RICHARD, rue Grenier St-Lazare, n° 31, au deuxième, fabricant de bijoux pour deuil, ayant obtenu une médaille à l'exposition de 1834.

Cet industriel, afin de faciliter les commissions qu'il reçoit, a eu l'heureuse idée d'établir un registre de modèles lithographiés et portant chacun un numéro d'ordre ; cette marche est devenue nécessaire, vu la variété des objets, et pour que les articles qu'il vend puissent être échangés contre d'autres, du même prix, autant de fois qu'il plaît à ses commettans.

Basant les prix de ses marchandises sur la valeur des pierreries, il serait difficile de trouver ailleurs ce genre de bijoux à un prix moins élevé.

72. Henri Xavier, propriétaire à Paris, rue
   Honoré-Chevalier, n° 8, faubourg Saint-
   Germain.

Il expose des fils de pite ou agavé fétide, récoltés
dans la Guyane-Française, et apportés dernièrement par lui de Cayenne. Cette plante originaire
de l'Amérique méridionale, que l'on cultive en
grand dans son pays natal, pour le fil dont ses
feuilles sont pourvues, et qui est assez fin pour
servir à tous les usages du chanvre et du lin, comme
le prouvent les échantillons placés sous les yeux du
public, pourrait être introduite en France avec
avantage, pour y fabriquer des tissus dont la finesse
et la blancheur ne laisseraient rien à désirer, et des
cordages dont l'élasticité et la solidité offriraient
toute garantie. M. Xavier, se proposant de retourner
prochainement à Cayenne, se chargera volontiers
d'expédier la quantité de ce fil de pite, dont on
pourra avoir besoin, aux personnes qui voudront
l'en commissionner.

73. — Demarne, fabricant de cols cravates,
   place des Victoires, n° 3, ayant reçu une
   mention honorable à l'exposition de 1834.

Il expose des cols cravates sans boucles et des
bretelles également sans boucles de divers genres.

74. Martin Varigart, breveté, rue des Saints-
   Pères, n° 65, à Paris, fabricant de socles
   avec sous de pieds à ressorts.

Il expose divers modèles de ses produits.

75. Jullienne-Moureau, marchand fayencier,
   rue du Bac, n° 50, au coin de celle Saint Do-
   minique, faubourg Saint-Germain.

Il fait fabriquer des porcelaines blanches et décorées, faïences de toutes espèces, cristaux et verreries.
Il a été admis à l'exposition de 1834, pour son invention du *décor Napolitain* sur porcelaine et pour

ses étrusques les plus nouveaux. Il loue des services pour repas et bals; fait des envois en province
et à l'étranger et se charge des emballages.

- Il expose divers vases étrusques et autres objets
avec dessins antiques sur porcelaine; genre qu'il ne
faut pas confondre avec les dessins égyptiens sur
faïence, introduits dans le commerce par M. Susse.

76. — JOURNET, charpentier, breveté, barrière
   des Martyrs, chemin de Ronde, n° 3, à Paris,
   ayant obtenu une médaille d'argent de l'académie de l'industrie en 1836, auteur des écha-
   fauds-Journet.

Depuis plusieurs années, M. Journet s'est appliqué
à chercher un moyen qui pût avantageusement remplacer les cordes à nœuds, si dangereuses des
badigeonneurs ou des échaffaudages si peu solides des maçons qui recrépissent les façades
des maisons; long-temps les efforts de M.
Journet furent infructueux, mais à la fin, après
avoir mis à profit toutes les ressources de la
mécanique, il est arrivé à pouvoir construire son
balcon-volant dans lequel un homme peut se placer
s'élever, s'abaisser et se porter à droite ou à gauche
d'une façade de maison sans crainte pour sa vie,
toutes les fois que les précautions commandées par
l'auteur auront été suivies; aucun exemple ne vient
contredire ce fait, puisque le seul accident de ce
genre qui soit arrivé à l'un de ces balcons a été
causé par l'imprudence d'un maçon, que la justice
a condamné à une juste peine de sa faute; nous ne
pouvons donc que recommander l'usage de cet utile
et important appareil.

Nous appelerons surtout l'attention du public sur
les boîtes Journet, ou trous de boulins en fonte,
masqués, pour décors de rosaces mobiles boîte que
la police devrait ordonner de placer dans tous les tableaux ou entre-fenêtres des façades de toutes les
maisons, afin de pouvoir permettre après avoir ou-

vert les rosaces, de sceller dans ces boîtes des consoles en fer sur lesquelles on pourrait alors échaffauder, soit avec des planches, soit avec le balcon volant, d'une manière solide, à peu de frais et sans encombre pour la voie publique. Cette idée neuve et ingénieuse, mérite surtout de fixer l'attention des architéctes et des hommes auxquels la police des villes est confiée.

Les échafauds d'intérieur de M. Journet, sont aussi de la plus haute importance pour les peintres ou badigeonneurs chargés des travaux dans les parties élevées des églises, ou pour peintres mêmes qui ont de grands tableaux à peindre, et pour lesquels l'usage de l'échelle est si fatigunt; les échafauds d'intérieur de M. Journet sont mobiles, se roulent de tous les côtés et dans tous les sens, peuvent avoir toute l'élévation que l'on peut désirer, et une solidité qui puisse offrir toute garantie et permette aux personnes qu'elles supportent de pouvoir monter ou descendre un poids quadruple du leur graduellement avec la plus grande facilité; déjà l'une des plus jolies églises de Paris, Notre-Dame de Lorette, a été terminée avec le secours de ces nouveaux échafauds, et les artistes qui s'en sont servis, ont reconnu qu'ils rénnissaient toutes les qualités que l'on peut désirer. Pour mieux faire connaître ses balcons volans, ses boîtes et échafands d'intérieur, M. Journet a désiré pouvoir les exposer malgré leur volume encombrant, ce que le jury s'est empressé de lui accorder, vu que l'on ne peut trop donner de publicité à ces appareils dont l'importance et l'utilité ne laissent plus aucun doute.

77. — J. KOSKA, facteur de pianos, rue Ste-Croix de la Brétonnerie, n. 14, à Paris, ayant reçu une mention honorable à l'exposition de 1834.

Le piano exposé par M. Koska, présente quelques améliorations remarquables qu'il est important d'indiquer, pour mieux fixer l'attention qu'il mérite; ainsi, il a obtenu une amélioration sensible dans la polition de l'échappement droit et dans le pilote qui, se trouvant à double mouvement, empêche de faire sentir à la touche le contre coup des étouffoirs ; ensuite, ayant éloigné des cordes ses marteaux beaucoup plus que dans les autres pianos, tout en leur conservant une même force de jeu par suite de la disposition de ces échappemens, il est arrivé à donner à ses pianos carrés autant de sons qu'aux pianos à queue ; avantage immense, vu le prix élevé de ces derniers et l'embarras de leur volume. Enfin, il est arrivé à pouvoir obtenir des vibrations égales dans les cordes, en plaçant les pointes du sommier et du chevalet de manière qu'il y ait toujours unisson entre les vibrations des cordes et l'unisson du son , avantage propre à faciliter l'accord de l'instrument.

Le piano exposé est du prix de 1500 fr. ; mais on trouve dans les ateliers de M. Koska, des instrumens du même système dans des prix moins élevés.

78. — Rolland, coiffeur breveté, artiste en cheveux , fabricant de perruques et toutes sortes de postiches, rue Caumartin, à Paris, ayant obtenu médaille de l'Académie de l'industrie en 1836.

Cet artiste espose : trois perruques à pression en caoutchouc , dont une à pression découverte pour que l'on puisse voir le travail. — Une perruque , pression élastique en métal. — Deux perruques à pression métallique, perfectionnées et adoucies pour les personnes sensibles de la tête, imitant la nature à la fin des cheveux. — Une perruque métallique, à raie de chair sur le côté, se joignant à la fin. — Un toupet implanté , imitant le cuir chevelu avec la plus parfaite ressemblance. — Plusieurs supplémens aux coiffures des dames. — Deux coupes de cheveux d'un blanc rare , et une coupe de cheveux blonds d'une aune de longueur.

79. — V. DELARUELLE et LEDANSEUR, fabricant de crayons et de couleurs , rue du Petit-Thouars, ou enclos du Temple , n. 20 ; hôtel Boufllers, ayant obtenu une médaille d'argent à l'Athénée des arts , pour des crayons de couleurs à dessin.

Ce fabricant fait toutes sortes de crayons à dessin et particulièrement les crayons en noir d'Etna pour l'huile , la gouache et l'estompe. Il fabrique également les tablettes de couleurs fines, les crayons lignes de divers numéros, ainsi que les pastels fins ; et pour échantillons, il expose une montre remplie de ses produits.

80. — M. COURHAUT , médecin-chirurgien , rue de la Chaussée-d'Antin , n. 50, à Paris.

Il expose: une garniture de cheminée, c'est-à-dire, une pendule et ses vases, composés de divers objets d'histoire naturelle récoltés par lui dans ses voyages d'outre-mer, représentant une allégorie de la France sous le règne de Napoléon et principalement de l'histoire de la campagne d'Egypte. Cette garniture de cheminée a été estimée valoir 5,000 francs

81. — V. MERCIER , employé au ministère de l'intérieur, auteur de l'Album des monumens de Londres, du répertoire administratif et du Guide de la classification générale des affaires publiques.

Il expose un tableau de la statistique générale de la France de huit pieds de largeur sur cinq de hauteur, contenant 17,160 indications, qui se partagent en vingt-quatre séries par départemens, présentant par exemple, l'état du territoire, de la population, de l'administration des finances, de la guerre, de la marine, de la justice, des cultes, de la morale et de chacun de nos départemens. Ces vingt-quatre séries se subdivisent en autant de colonnes qui donnent un relevé, par exemple, du territoire en hectares, le nombre des maisons, des propriétaires, des habitans, des centenaires. Ce tableau, fruit de longues recherches, est aussi curieux qu'instructif et fait honneur à la patience et à l'instruction de son auteur.

82. — DELATOUR, ancien officier, rue des Quatre Vents, n. 18, expose des nageoirs, ou patins-natatoirs offrant agrément et sûreté pour les nageurs.

Cette invention ne se borne pas à offrir au nageur un agrément de plus ; mais son principal mérite est de lui assurer, au milieu du fluide contre lequel il doit lutter sans cesse, un puissant moyen de secourir ses semblables, et de veiller à sa propre conservation.

Muni de cette chaussure, le nageur avance avec facilité au moins deux fois plus vite qu'à l'ordinaire, et pour se reposer, il lui suffit de s'abandonner à l'eau sans être obligé de recourir à aucun mouvement.

A l'imitation de la vessie natatoire du poisson, ces patins favorisent tellement le *plongeur*, qu'ils lui permettent de visiter le fond de l'eau tout à son aise, après y avoir pénétré rapidement, pour retourner ensuite à la surface avec une vitesse encore plus grande.

Pour plus amples renseignemens, se reporter au Livret publié en 1836, par M. Delatour, et qui se trouve chez l'auteur.

83. — GRÉLING, ingénieur en instrumens de chirurgie, quai Napoléon, n. 33, à Paris, ayant reçu des médailles aux expositions de 1827, 1834. à l'Athénée des arts, 1835 ; à l'Académie de l'industrie, 1835 ; à l'exposition de Valenciennes, 1836.

Inventeur de divers procédés de cautérisation du canal de l'urètre, d'après MM. les docteurs Ducamp, Pasquier, Ségalas, Heurteloup, Leroi d'Etioles, et constructeur des lithotriteurs du docteur Heurteloup, qui ont obtenu à l'Institut de France le prix Monthyon en 1826; des instrumens contre les affections de la pierre, de la prostate, de la surdité et d'un grand nombre d'autres maladies, d'après MM. les docteurs Leroi d'Etioles, de Peau, Ilard, Bréschet, Samson, Regnard, inventeur de plusieurs instrumens contre la surdité, auteur des urinaux portatifs, bréveté, constructeur d'un système particulier de clysoirs, de clysopompes, de bandages, et enfin de tous les appareils, instrumens ou mécanismes chirurgicaux exécutés jusqu'à ce jour, cessionnaire du D Ados, ou nouvelle lampe à dégorgement continu.

Il expose une montre contenant les objets suivans :

1 et 2. Lithotriteur et lithotripteur du docteur Heurteloup. — 3. id. du docteur Leroi d'Étiolle. — 4 idem. du doteur Civial. — 5. id. de Jacobson. — 6. Scarificateur français. — 7. Speculum. — 8. id. brisé. — 9. Lithorôme de Dupuytren. — 10. Stétoscope modifié. — 11. Forceps de Hatin. — 12. id. de Dubois. — 13. id. de Greiling. — 14. Soude de Belmas. — 15. Exeseur de la prostate. — 16. Scie articulée. — 17. Scie-chaîne. — 18. Caustique du Décamp. — 19. Porte-empreinte articulé. — 20. Ventouse à réservoir d'air. — 21. Série d'acoustiques coquillages. — 22. id. métaux. — 23. id. gomme élastique. — 24. id. tubes en caoutchouc. — 25. Lit de lithotriptie. — 26. Fauteuil acoustique. — 27. Porte-voix d'appartement. — 28. Urinaux portatifs brévetés. — 29. Divers clysopompes. — 30. Inspecteur, nouvelle seringue. — 31. Dados bréveté, lampe nouvelle à dégorgement continu.

84. — F. VILLEMSENS, fabricant de bronzes, dorures en tous genres, etc., rue Ste-Avoye, n. 57 ; médaille de bronze à l'exposition de

1834, et depuis, une médaille d'argent de l'Académie de l'industrie;

S'efforce de donner à ses produits, par ses soins personnels et assidus, le plus de perfections possibles, en se renfermant dans les limites de prix plus modérés qu'on ne le supposerait. En les examinant, il a tâché notamment d'apporter de frappantes améliorations à la fabrication des vases et des ornemens d'église, dont l'exécution était restée jusqu'ici en général, bien inférieure à celle des mêmes articles destinés au décor des appartemens, tout en continuant à soigner également cette dernière branche. — Un genre réprouvé des uns, recherché des autres, le style rocaille, est traité chez lui aussi bien que l'on puisse désirer, à en juger par l'échantillon qu'il en a exposé :

Un chandelier faisant partie d'une garniture d'Antal. — Id. avec bouquet de branche. — Une grande pendule en bronze doré. — Plusieurs bronzes d'après l'antique. — Une paire de candelabres, genre rocaille.

85. — Frédéric SAUVAGE, inventeur du physionotype, rue du faubourg St-Honoré, n. 77, ayant obtenu une médaille de l'Académie de l'industrie en 1836.

Cet habile industriel auquel l'art de la sculpture doit déjà un moyen fort ingénieux pour remplacer l'applitation du plâtre sur la figure, lorsqu'il s'agit de prendre une empreinte pour lui rendre ensuite avec le ciseau l'expression et la vue, est en outre inventeur du Rédacteur des sculpteurs, instrument qui sera également de la plus grande utilité à tous les sculpteurs, pour mettre au point et réduire les bustes ou statues avec la plus scrupuleuse exactitude. M. Sauvage expose diverses empreintes et plusieurs bustes réduits par son nouveau procédé.

86. — HÉRARD-DEVILLIERS, peintre-décorateur-

vernisseur breveté, rue de Crussol, n. 1, quartier du boulevard du Temple, ayant obtenu une médaille d'argent à l'Académie de l'industrie.

Fabricant de lacque de Chine en incrustations de nacre sur bois, cuivre, marbre et tous métaux, décors en tous genres, meubles de fantaisie, pendules, corbeilles de mariage, nécessaires en tous genres, toutes formes, tricoteuses, guéridons à corbeille et autres, albums, buvards, souvenirs, claquettes, boîtes à thé, boîtes à gants, soufflets, et enfin tout ce qui concerne sa partie.

87. — Guérin et compagnie, fabricans de pompes, fournisseurs du corps des sapeurs-pompiers, rue du marché d'Aguesseau, nos 10 et 12.

Leur fabrique est dirigée par M. Louis Pierre Guérin, chevalier des ordres de Saint-Louis et de la Légion-d'Honneur, membre de l'Athénie des arts, ancien adjudant-major du corps des sapeurs-pompiers de Paris, retraité comme chef de bataillon après trente-cinq ans de service dans ce corps.

Ses produits lui ont mérité, une mention honorable à l'exposition de 1827, et une médaille de bronze à celle de 1834.

On fabrique dans cet établissement tout ce qui a rapport au service des incendies; tel que pompes de toutes dimensions, tuyaux en cuir cloués ou cousus en fil de laiton, tuyaux en toiles, sceaux à incendies en toiles à voiles, échelles, etc., dont les prix sont détaillés sur les prospectus qui se distribuent à la place occupée par ses produits, dans la salle d'exposition.

Objets exposés.

Un petit modèle de pompes à incendie, réduit au quart, 300 fr. Une dixaine de sceaux en toile (dont un plein d'eau); l'un vaut 3 fr. Système d'une pompe à incendies première force. Une échelle à crochets pour incendies, 35 fr. Un bout de tuyaux en cuir cloué, le pied, 3 fr. Un *idem*.. cousu en fil de laiton, le pied, 2 fr. 5o.

Pièces détachées d'une pompe.
{
Une lance en deux pièces.
Un piston.
Une boîte à boule.
Un raccordement en cuivre.
}

Paris, le   juin 1836.

88. — Brouillet-Cacheleux, fabricant de jouets, rue Saint-Denis, n° 116, expose :

Un nouveau jeu de Bague, que le sieur Brouillet appelle le Péridinéon.

Une nouvelle bascule ou balançoire de jardin.

Un petit bateau à vapeur pour pièce d'eau, mu par un procédé tout-à-fait nouveau.

Plusieurs échantillons de ballons en caoutchouc ou gomme élastique, dont le sieur Brouillet est l'inventeur en France.

89. — Alexandre Lachassagne, successeur de MM. Baignol cadet et compagnie; fabricant, à Paris, rue Meslay, n° 55, il expose :

Une paire de vases bleus, représentant Daphnis et Chloé, et Psychée et l'Amour (ils ont obtenus une médaille.); Prix 5ooo. Deux paires de vases, medicis ornement, 110, 220. Une paire de chapiteaux corinthiens, 200. Un cabaret 17 pouces, grand feu, 15o. Un *idem*, 17 pouces, rocaille, décors riche, 220. Les vases bleus grand feu de Sèvre méritent toute l'attention des connaisseurs, par la difficulté du bleu, qui n'a jamais pu réussir sur une aussi grande dimension. (Ils ont obtenus une médaille.) Les chapiteaux corinthiens sont un tour de force en porcelaine.

90. — Desmont, fabricant breveté de chapeaux

de bois, rue de la Fidélité, n° 7, expose divers échantillons de chapeaux en bois pour dames déjà employés avec succès.

91. — Sorel, rue du Bouloy, n° 4, ayant obtenu une médaille de l'académie de l'industrie, expose :

1° Marmite pyrostatique ou à régulateur du feu pour la cuisson des alimens, avec une dépense de 5 centimes de charbon, et sans aucun soin ni surveillance. On fait un dîné de quatre plats pour huit personnes, pot-au-feu, rôti et deux autres plats, le prix de l'appareil est de 35 fr. L'Académie de l'industrie a fait un rapport très-favorable sur cet apparcil et sur le régulateur du feu.

2° Un bain marie à régulateur du feu pour les limonadiers : cet appareil est simple, portatif et très-économique en combustible.

3° Un bain marie à régulateur du feu pour faire des extraits : cet appareil à l'usage de la chimie et de la pharmacie, a été approuvé par plusieurs sociétés savantes.

4° Un nouveau couvoir à régulateur du feu pour faire éclore toute sorte d'oiseaux, tels que poulets, perdrix, cailles, faisans, etc., etc.

5° Et enfin, un nouveau siphon que nous nommons siphon thermostatique, avec lequel on met en équilibre de température du liquide, placé dans des vases séparés. A l'aide de cet appareil et d'un fourneau isolé, on chauffe le bain dans la baignoire sans mettre le fourneau ni dans le bain ni sous la baignoire; on peut de même chauffer les cuves des teinturiers, blanchisseurs, etc., etc.

La découverte de ce curieux et utile appareil hydrostatique, date de peu de jours.

92. Fayard, pharmacien, rue Montholon, n° 18, à Paris, fabrique des bassinoires et chancelières à eau bouillante, tabourets remplaçant les bassinoires, et chaufferettes à la braise, et surtont des clysobols ou nouvelles seringues perfectionnées : objets déjà approuvés par l'académie royale de médecine, par la société d'encouragement et qui ont mérité une citation honorable de la part du jury de l'exposition des produits de l'industrie en 1834.

Il expose un clysobol des bassinoires et chauffrettes chauffées à l'eau bouillante.

Les seringues anciennes sont incommodes, difficiles à manier et exigent souvent une pression considérable au-dessus des forces du malade ; il faut être bien portant pour agir soi-même, et quelquefois encore, on blesse l'intestin. Après bien des essais, on est arrivé successivement : 1° A la seringue à crémaillère, qui annulait par ce moyen la résistance à la pression. 2° A la seringue à pompe, au clysoir, au clysopompe, à la pompe seringue, à la seringue plongeante, qui ne sont que des imitations les unes des autres, et qui toutes présentent des avantages et des inconvéniens. La seringue à pompe permet d'introduire des corps gras, qui les premiers entrent dans l'intestin : son service est prompt et n'exige aucune force des bras, puisque c'est le poids du corps qui exerce la pression. On ne peut pas s'en servir pour les personnes malades ou infirmes et au lit. — Le clysoir et les autres ustensiles dont j'ai parlé, ne laissent arriver qu'en dernier lieu les corps gras, à moins qu'on en emploie beaucoup à la fois. Ils sont du reste d'un usage facile, et peuvent servir aux malades sans les déranger. Mais il faut faire chauffer le liquide dans des vases sur un réchaud, ou à la cheminée, et souvent on n'a pas cette facilité ni le temps nécessaires surtout si on est en voyage.

En composant son clysobol, il a voulu réunir tous les avantages et écarter tous les inconvéniens, et il est parvenu à pouvoir chauffer le véhicule et à l'administrer en moins de cinq minutes, soit au lit, soit assis et même en voyage.

L'appareil est composé : 1° D'un bol contenant une livre d'eau, 2° d'une pompe aspirante et foulante, au moyen d'un lévier en deux parties, qui se montent à vis. Le piston est traversé par un tube ouvert à ses deux extrémités, pour donner passage au liquide. 3° D'un tuyau à spirale en fer étamé, muni d'un barillet à soupape, qui se fixe au tube de la bobine à simple frottement. — L'autre extrémité porte une canule droite en étain, à laquelle on en ajoute une autre, soit en corne, os ou ivoire, soit en caoutchouc, droite ou courbée pour injections. 4° Le couvercle du bol étant renversé, devient un réchaud en plaçant au centre le petit tube trépied, au milieu duquel on verse une cuillerée à café d'esprit de vin.

Manière de se servir du clysobol.

Si on emploie de l'huile ou un médicament liquide non miscible à l'eau, on la verse dans le corps de pompe, le piston étant abaissé ; l'eau est versée dans le bol jusqu'aux 3/4 de sa hauteur. On le place sur le trépied disposé pour cela sur le couvercle, et on enflamme l'esprit de vin. Une minute suffit pour amener le liquide au degré convenable. On retire le bol, on ajuste le tuyau au tube de la bobine après avoir soulevé le piston, ce qui permet au liquide qui le couvre, de passer dessous et de sortir le premier par le tuyau. Il faut presser sur le lévier jusqu'à ce que la liqueur sorte un peu du tuyau, afin d'en chasser l'air. On introduit la canulle, et on fait fonctionner le lévier sans se presser.

Cet appareil est simple, solide, d'une action puissante et facile. Toutes ces pièces démontées, sont logées dans le bol qui est peu volumineux et très-portatif.

temps possible fermé avec les autres pièces, à cause
de l'humidité qui en altère le tissu, on le tient suspendu dans un lieu sec.

Le clysobol convient aux voyageurs, aux personnes
maladives, à celles qui ont peu de temps à perdre, aux
célibataires, aux enfans qui ont tant de peine à recevoir des remèdes et qui, avec cet appareil, s'amusent
en se les donnant eux-mêmes; enfin, à toutes les personnes qui aiment à se procurer l'utile et l'agréable.

93.—BAPTISTE FESSARD, rue des Cinq-Diamans
n. 2, au coin de celle des Lombards, artiste
peintre, modeleur en cire et naturaliste, admis à l'exposition de 1834 sous le n. 1225.

Fait les fruits et fleurs en cire, montés en tous
genres, tels que corbeilles pour présens de fêtes,
vases et assiettes pour garnitures de tables ou ornemens de salon, des ceps de vignes et des herbes
à fruit, de toutes grandeurs. On ne trouve ces objets
que chez lui.

Comme naturaliste, il prépare les animaux de
toutes espèces, d'après les règles de la taxidermie.
Il tient un assortiment d'objets d'histoire naturelle
tant indigènes qu'exotiques et en cire, et fait des
groupes d'ornemens. En un mot, le naturaliste
praticien et l'amateur instruit trouveront chez lui
tout ce qu'ils pourront désirer, ainsi que des yeux
d'émail de toutes sortes, pour hommes, animaux
et oiseaux, fabriqués par M. son frère; il forme en
outre des élèves et expose un arbre chargé de fruits
et plusieurs objets d'histoire naturelle.

94.—HORNER, entrepreneur de peinture, rue
de la Planche n. 16, à Paris, ayant obtenu
une mention honorable à l'exposition de 1834.

Il expose une fausse porte, imitant diverses variétés de marbres sur le chambranle et des bois indigènes ou exotiques dans ses montans et panneaux,
présentant une si parfaite imitation qu'au toucher

et à la vue ou ne peut arriver à reconnaître si ces
bois sont peints ou naturels.

95.— BOURLET (d'Amboise), agronome, rue
du Faubourg Poissonnière n. 59, à Paris,

Expose un tableau représentant l'arc de triomphe
accompagné, sur ses côtés, de l'élévation de deux
minarets.

96.— STOLLÉ, fabricant breveté de céruse vinai-
gre et couleurs minérales, à Paris, faubourg
du Roule n. 80.

Auteur et inventeur de plusieurs procédés pour
obtenir de la céruse aussi belle que celle de Hollande et revenant beaucoup moins cher ; expose
des échantillons de comparaison de carbonate de
plomb, obtenus par la méthode hollandaise, par
un nouveau procédé qui lui appartient, mais sans
le secours de fumier, et deux échantillons obtenus encore par un autre nouveau procédé
breveté, exécuté sous sa direction, il expose en outre des échantillons de vinaigres de tables perfectionnés par de nouveaux procédés de son invention.

97.— GRIVARD, Lampiste, rue Neuve des Petits
Champs n. 79, expose : Diverses lampes du
système véritablement Carcel.

98.— LAINÉ, Cartonnier, rue Michel-le-Comte
n. 34, à Paris.

Il expose quatre cartons remarquables par leur
fermeture et par leur perfection, il expose aussi
un cadre pour tableau, taillé dans une seule feuille
de carton.

99.— SELLIER, bottier breveté, demeurant rue
Sainte-Anne n. 1, Palais de Justice, expose :

Chaussures cousues en fil métallique ; tuyaux
d'aspiration cousus idem en fil métallique ; pe-

tits tuyaux sans couture, garnis de stor en dedans et en dehors ; gibernes sans couture, garnies de cercle en cuivre latéralement ; gibernes à volant ; seaux à incendie en cuir, garnis de cercles de bois ; idem en toiles à voile.

100. — CHAMPION, ayant obtenu des médailles aux expositions nationales et à la Société d'encouragement, membre de la Légion-d'Honneur, de la Société d'encouragement pour l'industrie nationale et de celle d'horticulture ; fabricant de tissus hygiéniques imperméables, et de mesures linéaires sur rubans, demeurant à Bagnolet, banlieue, et à Paris, rue du Mail, n. 18, près la place des Victoires. Ci-devant rue Grenétat, n. 6.

Il fabrique des taffetas et lévantines hygiéniques. N° 1. Ces tissus sont ordonnés par les médecins dans diverses maladies ; ils sont employés comme vêtemens, les gilets ou corsages sont particulièrement recommandés aux hommes et aux femmes, pour conserver la chaleur naturelle. Les manteaux tant en taffetas qu'en lévantines, sont également utiles aux deux sexes, comme préservatif contre l'humidité et le froid. Ces tissus servent encore à préserver les lits des malades et de l'enfance. Il fabrique aussi l'enduit imperméable pour la chaussure.

Cet enduit applicable sur le cuir, le rend imperméable à l'eau pour tout le temps de sa durée, il lui conserve son élasticité et le préserve des mauvais effets qu'occasionnent les cirages ordinaires par l'excès d'acide sulfurique qui entre dans leur composition. Il conserve la couture, on peut en empreigner les vieilles chaussures comme les neuves, et ensuite y appliquer tel cirage qu'on jugera convenable.

M. Champion expose : Un manteau lévantine ; un manteau taffetas ; un manteau en croisé ; un manteau en toile ; un sac à fourrures ; corde à étendre;

corde à jalousie ; un pique-ruban à jalousie ; une
mesure à bœufs ; deux mesures linéaires sur ruban ;
trois échantillons de sacs à raisins ; une main papier d'emballage ; une boîte d'enduit pour la chaussure.

101. — De Bemy, peintre, à Paris, faubourg St-
Martin, n. 22, au premier, ayant obtenu une
médaille à l'exposition de Valenciennes, en
1835.

Cet artiste distingué, peint les collections de pa-
pillons et les monte artificiellement ; il peint aussi
des sujets ou fleurs sur étoffes pour robes, écrans
ou stores, et sur plumes.

On ne peut rien imaginer de plus parfait, a-t-on
dit, à propos de son exposition à Valenciennes,
comme imitation des peintures chinoises sur soie,
que les écrans exposés par M. de Bemy. Les formes
variées de ces meubles, la richesse, le bon goût de
leurs supports et l'éclat si vif de leurs couleurs ont
attiré l'attention générale, pendant la durée de
l'exposition. Les robes de bal, exposées aussi par
M. de Bemy, ont paru d'un effet délicieux, même
pendant le jour ; à la lumière des bougies et au milieu d'un bal, elles seraient sans doute jugées plus
favorablement encore : ces différens objets ont mérité à M. de Bemy une mention honorable.

Il a exposé cette année, à l'orangerie, un assortiment de ces produits.

102. — Ch.-Fréd. Munch, rue Thévenot, n. 9,
agent de M. J.-A. Lebel, fabricant de graisse
d'Asphalte à Bechelbronn, pour le graissage
des voitures et machines.

La graisse d'Asphalte, dont l'usage est répandu
depuis long-temps déjà en Alsace, en Lorraine et
diverses autres parties de la France, ainsi qu'en
Allemagne et dans les Pays-Bas, est préférable à
tous les corps gras pour le graissage des voitures,

forges , martinets, moulins, pressoirs, mécaniques ,
etc., et offre de l'économie , tant par la modicité
de son prix , que par la facilité de son emploi. Elle
est d'un beau noir luisant , de la consistance d'un
miel fluide non grenu , et sans mélange d'aucun
corps étranger ; elle ne laisse point de croûtes ou
de dépôts , ainsi que le font les autres graisses , à
mesure qu'elles s'usent , et son odeur est presque
nulle.

Elle ne se corrompt jamais et ne se dessèche pas
au contact de l'air ; mais au contraire , elle reste
toujours grasse et moelleuse. Elle a en outre le
grand avantage de n'être propre à la nourriture
d'aucun animal.

Une livre de cette graisse fait le même usage que
deux livres et demie de graisse ordinaire. On s'en
sert pour le graissage des voitures , soit en l'introduisant par un trou pratiqué dans le moyeu des
roues , soit en retirant la roue et en laissant couler
un filet sur l'essieu ; on peut l'employer aussi comme
toute autre , en en posant avec une spatule sur la
partie qu'on veut graisser.

Cette production française , citée avec éloge en
1823 , par le jury central d'exposition des produits
de l'industrie nationale , a obtenu une médaille à
l'exposition de 1827, et ne se vend plus aujourd'hui
que 50 fr. les 50 kil. en baril.

Avis essentiel. — Il ne faut pas confondre cette
graisse naturelle et sans aucun mélange , avec des
graisses composées répandues depuis peu dans le
commerce , au moyen desquelles on a cherché à
l'imiter, et qui n'ont aucune des qualités nécessaires
au graissage. La graisse d'Asphalte se reconnaît aisément à sa couleur, à son odeur asphaltique et à sa
fluidité.

103. — De PETITEPIERRE , rue du Four-St-Ger-
main , n. 28 , ornemens calligraphiques.

Les succès obtenus par la publication des ornemens calligraphiques, inventés par M de Petite-

pierre, professeur d'écriture, lui ont fait concevoir l'espérance de les voir admettre à l'exposition de l'académie de l'Industrie. Ces ouvrages, qui par leur goût original ont des droits aux suffrages des connaisseurs, ont été adoptés dans un grand nombre d'institutions. Plus de vingt cahiers, variés à l'infini, circulent dans le commerce. Cette collection d'ornemens calligraphiques et de modèles d'écriture se vend chez l'auteur, et bientôt il doit faire paraître un nouveau cahier, renfermant des procédés ingénieux, pour faire soi-même les tableaux et les modèles d'écritures de tous les genres.

104. — Vincent-Chevalier, opticien, quai de l'Horloge, n. 69, à Paris, ayant obtenu des médailles d'argent à l'Athénée des arts, à la Société d'encouragement, et aux expositions nationales de 1827 et 1834.

Cet habile opticien, ayant obtenu des médailles d'argent à l'athénée des arts, à la société d'encouragement et aux expositions nationales de 1827 et 1834, breveté du roi pour la nouvelle chambre obscure, est le *premier constructeur des microscopes achromatiques composés ou solaires*, de ceux horizontaux, catadioptriques ou achromatiques de M. Amici, de la Caméra lucida perfectionnée et de la lunette micrométique du même professeur, du *nouveau mégascope solaire redressant les objets*, du sidéroscope et des instrumens pour l'emploi des petites coupelles au chalumeau de M. Leballif, du décolorimètre, des verres bleus pour conserves, etc., etc.

Il s'occupe aussi spécialement de la fabrication des lunettes fines perfectionnées, télescopes terrestres et astronomiques, lunettes de spectacle brevetées, baromètres, thermomètres, hygromètres, aréomètres, cercles répétiteurs de Borda, graphomètres, équerres simples et de réflexion, boussoles, niveaux, allidades, cassettes mathématiques et minéralogiques, chalumeaux, poches de mineurs, cadrans solaires, lanternes magiques, fantasmagories mégascopes, machines électriques, machines pneumatiques, piles galvaniques, et de tout ce qui est nécessaire pour les cabinets de physique.

Il expose : 1° Un microscope achromatique horizontal, simplifié et perfectionné, se mettant vertical à volonté, au moyen d'une double charnière. 2° Un microscope achromatique vertical perfectionné. 3° Un microscope achromatique, petit modèle simplifié. 4° Un microscope simple, système de Raspail. 5° Un cercle de réflexion de huit pouces. 6° Un sextan sur limbe argument de six pouces de rayon. 7° Un appareil de chambre obscure à prisme ménisque, breveté. 8° Une chambre, claire système d'Amici, perfectionnée. 9° Une chambre claire système de Wollaston, perfectionnée.

105. — B. Elaud, fabricant d'étoffes de crin, barrière de Belleville, n. 41, à Paris.

La fabrique d'étoffes de crin de M. Elaud, qui existe depuis seize ans, à Paris, barrière de Belleville, n° 41, fait marcher continuellement trente métiers par jour. Aussi, malgré l'augmentation survenue depuis long-temps dans les crins, soies et cotons, ainsi que dans la main d'œuvre, il offre ses étoffes au plus bas prix possible, et répond de leur qualité.

Il expose un assortiment varié d'étoffes en crins, pour meubles, à dessins ou unis, d'étoffes en crin brochées sur fond noir ou blanc, des médaillons en crin sur différens fonds, et des satins de toutes façons.

106. — Mongin aîné, fabricant de scies, rue des Juifs, n. 11, au Marais, entre la rue du Roi de Sicile et celle des Rosiers. Ci-devant rue Galande.

Ce fabricant, auquel on a décerné une médaille

à l'exposition de 1834, fabrique des Ressorts de force extraordinaire, Bandages, Buscs d'acier, Scies pour mécaniques à scier toutes sortes de bois, Râcles pour indienne et tondeuses, il tient un magasin d'Acier et de Limes ; et se charge de la Commission pour la Province et l'Etranger, il expose : Scies à scier toutes sortes de bois ; Râcles pour indienne et tondeuses ; Ressorts de différentes sortes, Bandages et Buses d'acier.

107. — Edouard CHALET, papetier, commissionnaire, successeur de son père, rue des Petits-Champs, à Paris.

Ce papetier qui tient les fournitures spéciales de bureaux, s'occupe particulièrement de la fabrication des registres à dos élastique. Aussi est-il arrivé, en combinant le système de reliure à l'Anglaise avec celui à la Française, à fabriquer des registres qu'il garantit pour leur parfaite ouverture et la solidité de leur reliure. Malgré la différence du travail et quoique la main d'œuvre en soit plus coûteuse, les prix n'en sont pas plus élevés que le cours des registres ordinaires. Ce fabricant expose quelques-uns de ces registres à nouvelle reliure.

108. — CARREAU, lampiste, rue des Fossés-Montmartre, n. 24, à Paris, fabricant de *lampes-Carreau*, ou lampes mécaniques simplifiées, breveté d'invention.

Cette lampe, qui éclaire autant que la meilleure lampe mécanique connue, se distingue des autres par la simplicité de son mécanisme; ce qui permet de l'établir à un prix inférieur. Aussi la lampe ordinaire, gros bec, est du prix de 45 francs. Et la lampe, demi bec, est du prix de 40 francs. M. Carreau expose plusieurs modèles de ces lampes.

109. — CHATAING, chef d'institution, à Belleville, rue de Paris, n. 156, expose le *Calcu-*

lateur, machine pour apprendre à faire les opérations de l'arithmétique et à connaître les poids et mesures.

Le calcul est la base de l'éducation positive. La science des nombres sert non seulement à connaître les valeurs qui représentent les réalités de la vie, mais encore elle forme le jugement, qui peut seul nous faire apprécier les jouissances idéales, et dissiper ces illusions qui bercent la jeunesse et l'éloignent de l'utile et du vrai. On sent combien il importe d'initier de bonne heure nos jeunes enfans aux connaissances arithmétiques; mais comment leur apprendre cette science abstraite sans le secours des procédés qui la rendent attrayante et facile? Le calculateur a donc pour objet de matérialiser en quelque sorte les abstractions, et de les rendre sensibles par une opération toute pratique que l'œil saisit facilement, et dont l'esprit explique la théorie.

Le calculateur offre à la vue des cubes se mouvant horizontalement. Sur ces cubes se trouve placé le squelette de toutes les opérations. Sur la première face de ces cubes réunis est une table de la numération et de l'addition ; sur la deuxième une table de multiplication; sur la troisième une table de division, et sur la quatrième une opération qui résume la théorie des quatre règles.

Sur d'autres séries de cubes se trouvent placées toutes les opérations de l'arithmétique.

Le moyen de se servir de cette machine est très-simple. Il suffit de composer et de décomposer les opérations qui sont données pour type, et d'en bien expliquer la théorie; l'analogie conduira facilement l'élève à faire toutes les opérations identiques. Les mesures de capacité et de longueur, telles qu'on les emploie dans le commerce, sont présentées dans l'ordre naturel de leurs subdivisions. L'œil qui les compare en grave facilement le souvenir dans la mémoire.

110. — **Maison rustique du XIXe siècle**, ou en-

cyclopédie d'agriculture pratique, quai aux Fleurs, n. 13.

Cet important ouvrage contient les méthodes les plus accréditées et les plus nouvelles usitées en France et dans les pays étrangers sur l'agriculture proprement dite, la culture des plantes industrielles, l'éducation des animaux domestiques et l'art vétérinaire, la description de tous les arts industriels qui se rattachent à l'agriculture, la culture des forêts et celle des étangs, la législation et l'administration rurale. Il renferme 2000 figures de machines, instrumens, procédés, plantes, animaux, et a été rédigé par une réunion d'agronomes et de praticiens, sous la direction de M. F. Malepeyre, membre de l'Académie et président du comité des manufactures.

Sur le rapport d'une commission spéciale, les auteurs et l'éditeur de la maison Rustique du xix siècle, ont été récompensés par une médaille d'or, comme ayant publié l'ouvrage le plus utile aux progrès de l'agriculture française.

11. — FRATIN, statuaire, rue de la Ville-l'Evêque, 42.

Ce statuaire expose une jument poulinière défendant son poulain contre un loup. Ce groupe en bronze, fondu par M. Quesnel, rue Popincourt 22, où se trouve la collection des bronzes de M. Fratin, est pour le fondeur un superbe résultat; haut de trente pouces sur trente pouces de largeur, il ferait un magnifique dessus de console. Vérité de poses, nature exacte, belle musculature, sujet bien choisi, exécution parfaite, qualités qui distinguent les œuvres de M. Fratin, recommandent ce beau travail aux connaisseurs.

112. — DUMAS, fondeur, rue de Charonne, n. 47, hôtel de Vaucanson, à Paris.

Ce fondeur est l'un de ceux qui soit arrivés avec le plus de succès a obtenir de beaux produits avec la fonte Française, on en peut juger par les produits qu'il avait mis sous les yeux du public, lors de l'exposition de 1834 et par ceux qu'il présente aujourd'hui : ainsi il expose plusieurs échantillons de fonte Française, offrant des objets de bijouterie, de quincaillerie, de fourbisseur, des pièces de mécanique, des pendules, des bronzes, et enfin une collection de produits prouvant que ce modeste et habile fondeur continue à soutenir l'élan qu'il a donné depuis près de vingt ans au perfectionnement du moulage des fabriques Françaises.

113. — GARDIEN, chapelier fabricant, place de l'École, n° 8, à Paris, ayant obtenu une mention honorable à l'exposition de 1834.

Il fabrique des chapeaux de feutre, qu'il a surnommés *Castors indigènes*; il vend les extra-superfins 16 fr. 50 c., et garantit que leur légèreté, leur finesse, leur beau noir, ne laissent rien à désirer; les mêmes se vendent partout 30 fr., il y a donc différence de près de 100 pour 100 à qualité égale. Cette comparaison pouvant toujours avoir lieu, le Sr Gardien demande que l'on veuille bien examiner les uns et les autres, car il affirme être certain d'avoir mis toutes les classes de la société à même de se procurer un chapeau de castor première qualité pour le même prix que pourrait coûter un chapeau de soie.

114. — VAUCHELET fils et sa sœur, fabricant d'étoffes pour meubles, à Paris, rue Charlot, n° 9, et rue de Richelieu, n° 48.

Ce fabricant qui a obtenu une médaille d'argent à l'athénée des arts et à l'exposition de 1827, fabrique des velours, draps et autres étoffes imprimées ou peintes, pour meubles, tapis de table et ornemens d'église. Ces étoffes, d'une solidité parfaite, ne craignent nullement la piqûre des vers, leurs couleurs étant à l'huile, sont inaltérables à l'ardeur du soleil et à l'humidité ; les meubles du Luxembourg, Trianon, Saint-Cloud, et la tenture de la cour de cassation, en sont des preuves. *Nota*. Tous les dessins donnés par MM. les architectes ou décorateurs peuvent s'exécuter sans augmentation des prix. On peut compléter les meubles commencés par les amateurs de broderies et de tapisseries, et raccorder leurs dessins. On ravive les meubles en tapisseries, dont les couleurs sont altérées, sans qu'ils aient besoin d'être démontés. — Il expose. — Deux tapis de table. — Douze morceaux de fauteuils. — Deux fauteuils montés. — Un ornement pour dire une basse messe. — Plusieurs autres échantillons.

116. — GAIDON jeune, facteur de pianos, rue Montmartre, n° 121, ayant obtenu une médaille à l'exposition de 1834.

Ce fabricant n'ayant pas eu le temps de préparer une pièce spéciale, expose un piano de vente courante, réunissant pourtant les diverses améliorations qui lui ont mérité en 1834 une récompense nationale.

116. — LODDÉ, fabricant de plumeaux breveté, rue Saint-Avoie, n° 40, à Paris, fabrique des plumeaux de nouvelle invention, dits d'exportation, il expose plusieurs échantillons de ce nouveau genre de plumeaux.

117. — BATTANDIER, sellier ceinturonnier, breveté, ayant obtenu une médaille à l'exposition de 1834, et fabricant de malles de la garderobe du Roi, quai Voltaire, n° 3, à Paris.

Il fait tout ce qui concerne la partie de chasse et de voyage, telle que les malles à soufflets à portefeuilles et à cave, malles anglaises, porte-manteaux en cuir, faits de toutes façons, étuis de chapeaux en cuir, fait valises et autres sacs de nuit de toute manière, à ressorts de cuivre, à serrure à gibecière et à cordons, la selle et le harnais, et généralement tout ce qui concerne son état, le tout à juste prix, et fait des envois dans les départemens. Il fabrique surtout les malles à soufflet. Il expose entre autres objets : Un coffre propre au voyage pour recevoir des chapeaux et garde-robe de dame. — Une malle dite jumelle, propre au voyage, très- légère et d'une solidité sans pareille. — Une malle dite à soufflet, propre au voyage, dont il est l'inventeur. — Trois ou quatre sacs de nuit de différente façon et tous de nouveau genre. — Un étui à chapeau. — Un autre étui de chapeau d'un nouveau genre servant de nécessaire de voyage. — Un harnais de cabriolet nouveau genre, qui n'est pas connu au commerce; tous ces objets sont bien confectionnés en marchandises françaises et dans ses ateliers.

118. — CHOCHINA, fabricant de riz-Chochina, au Bourget, banlieue de Paris.

Ce fabricant inventeur de cette pâte alimentaire, auteur du tapioka français extrait de la pomme de terre. Il expose des échantillons de ses produits.

119. — CERBELAND, fumiste, rue Saint-Lazare, n° 90, ayant obtenu de l'académie de l'industrie deux médailles d'argent, dont une du grand modèle; il expose :

Un foyer calorifère simple, avec bûche de derrière en fonte en circulation d'air chaud, de 45 fr. Un foyer *idem* forme gothique de 100 à 120 f. Des brosses ramoneuses compressibles et incompressibles, destinées à ramoner les tuyaux ronds ordinaires des cheminées, les tuyaux et conduits des machines à vapeur et les poches et calorifères.

120. — LORY, lampiste breveté, auteur des nouvelles lampes mécaniques qui se trouvent chez lui, rue de Grenelle St-Germain, n° 13, chez Milan, rue du Roule, n°   et rue Vivienne, n°   bis. et rue de la Paix, n° 13.

Ces lampes ont, sur toutes les lampes mécaniques, l'avantage de n'être sujettes à aucune espèce de fuite. Par la simplicité de leur système, elles peuvent se démonter et remonter de suite par la personne la moins au fait de la mécanique. Toutes les pièces de la lampe étant métalliques, on peut, si on le désire, nettoyer soi-même la lampe, sans avoir recours à un lampiste ou horloger. L'huile étant ascensionnée au bec avec une plus grande abondance qu'aux autres lampes, la lumière ne varie jamais. L'huile reste au bec, la lampe ne marchant même pas. On allume donc à l'instant qu'on le désire, sans attendre un quart-d'heure et souvent plus.

Le prix de ces lampes varie depuis 5o francs et au-dessus, en raison de leur grandeur et de leur richesse.

121. — LAHAUSSE, accordeur de pianos, breveté, à Paris, n° 1, faubourg Poissonnière.

Il expose :

1. Un vieux piano tout délabré, dont le mécanisme est réparé dans les premières octaves, faisant voir le parti qu'on en peut tirer économiquement pour l'étude journalière des exercices, etc.

2. Un piano ordinaire dont les touches peuvent, à volonté, subir une augmentation ou diminution considérable de résistance, au moyen d'un *nouveau mécanisme* très simple, qui, s'adaptant dans l'intérieur, permet de parcourir, sans aucune entrave, toute l'étendue du clavier. Ce mécanisme, que M. Lahausse nomme GRADUATEUR, est destiné à faire acquérir *par progression insensible*, aux élèves, surtout aux plus jeunes, l'indépendance et la force des doigts exigées pour une bonne exécution.

C'est le complément du guide-mains; et toute espèce de piano peut facilement admettre cet utile perfectionnement.

Il expose en outre un *taille-crayon des écoles*, petit instrument avec lequel on obtient promptement et plus aisément qu'avec le canif, la pointe la plus aiguë, sans se souiller les doigts. Plus durable que l'acier, il convient pour toute espèce de crayons, bois, mine de plomb, pierre noire, sanguine, etc. Le taille-crayon déjà employé en 1834, a mérité l'approbation du jury et les suffrages de la société d'encouragement.

Il présente de plus des *Ansérines*, ou becs de plumes naturelles, taillées avec le plus grand soin, et apprêtées par un procédé qui leur donne plus d'élasticité et de durée.

Bien choisie et surtout bien taillée, la plume naturelle sera toujours préférable à ses imitations plus ou moins imparfaites en métal, en corne, etc. Débitées en becs et renfermées dans de petites boites par cent et par demi-cent, les *ansérines* sont toujours fraîches et d'un excellent usage.

122. — R. SOCHNÉE, chimiste, rue Neuve de la Fidélité, n° 22.

Ce fabricant expose :

1. Nouveau vernis pour les tableaux, les fresques, les aquarelles et vernis à retoucher. Ce vernis réunit toutes les qualités requises pour être un vernis parfait : il est incolore, diaphane, luisant, inaltérable à l'humidité, imperméable, dur et souple, non sujet à se rayer à l'ongle, ni à gercer ou écailler, et pouvant être lavé sans perdre son brillant. Le frottement à sec par lequel on enlève entièrement les vernis ordinaires, n'a aucune action sur lui. Ce vernis possède ainsi les bonnes qualités du vernis gras sans en avoir les défauts.

La société libre des Beaux-Arts à laquelle l'inventeur a soumis son vernis, nomma une commission qui en fit un rapport très-favorable, et qui a été inséré dans le *Journal des Artistes* du 25 novembre 1832. En 1835, cette même société a décerné une médaille d'argent à l'inventeur.

2. Vernis pour le maroquin, le veau, la basane, le parchemin, le papier, le bois et les métaux. Ce

vernis appliqué avec une petite éponge sur le maroquin, le veau, la basane, le parchemin et le papier,
leur communique de suite un beau lustre et les préserve de la piqûre des vers par une matière amère
qu'il renferme; les couvertures des livres étant vernies ainsi, ne craignent plus l'humidité, et l'application de ce vernis rend leur fraîcheur première aux
vieilles couvertures.

Le bois recouvert de ce vernis reçoit un beau lustre. Cet enduit ne s'écaille point au soleil comme le
vernis à la gomme laque en usage pour les bois jusqu'à présent. Ce vernis appliqué à chaud sur les
métaux, les préserve de l'action de l'air et de l'humidité. Il se fait une grande exportation de ce vernis pour l'Angleterre, la Belgique et l'Allemagne.

3. Vernis blanc ou tampon pour les bois blancs
et la marquetterie et vernis dit double blanc au
tampon pour les bois blancs seulement. Ces deux
vernis, qui joignent la solidité à la beauté, sont
généralement employés par les ébénistes et les fabricans de nécessaires pour conserver la blancheur des
incrustations en bois blancs, sur les bois d'acajou
et de palissandre.

4. Vernis des arquebusiers, pour les bois et les
métaux. Appliqué sur la crosse des fusils, il leur
donne un beau lustre: la dureté qu'il acquiert le
rend inaltérable à la chaleur de la main, qui n'y
laisse aucune empreinte. Ce vernis garantit aussi les
métaux de l'oxidation

5. Vernis blanc pour préserver l'or, l'argent et les
autres métaux. Ce vernis étant incolore n'altère
aucunement la blancheur de l'argent qu'il empêche
de noircir à l'air. On l'emploie beaucoup sur les cui-
vres estampés.

Il expose en outre plusieurs échantillons de couleurs de sa composition; tels sont ceux de garance
rose vif, fabriquée par un procédé nouveau; de car-
min de garance, de brun de garance, de brun

de garance ton bitume, de laque dye et garance ;
de chrysochrome, ou nouveau jaune pour mettre le
cuivre en couleur. Il est soluble à l'esprit de vin et
insoluble à l'eau. Cette couleur qui est très riche de
ton, est préférable à la gomme gutte que l'on em-
ployait jusqu'à ce jour pour le même usage. Ce dernier ingrédient étant soluble à l'eau, est altérable;
et de jaune indien purifié.

123. — M. FLAMAND-GRÉTRY, homme de lettres,
rue de Londres, n. 32, à Paris, auteur de
l'itinéraire de la vallée de Montmorency.

Il expose un portrait de M. le duc de Montmorency, pair de France, président de l'académie de
l'Industrie ; gravé sur pierre par Girardet et destiné
à orner l'ouvrage de M. Flamand Grétry, intitulé
itinéraire historique de la vallée de Montmorency, qui se publie par parties détachées, et
se trouve chez l'auteur ainsi que chez les principaux libraires de Paris et des départemens. La
première livraison est en vente, prix 5 fr. 5o c., et
la seconde est sous presse.

124. — VILLEROY, ingénieur-mécanicien, rue
Mazarine, passage Dauphine, escalier C, à
Paris, ayant obtenu une médaille d'argent de
l'Académie de l'Industrie, en 1836.

Ce mécanicien expose une pompe ou machine hydraulique, *sans pression, refoulement ni frottement*. M. Villeroy est en outre auteur de la presse
lithographique cylindrique et du bateau plongeur
sous-marin pour lequel il a déjà reçu une médaille.

125 — VOLAND, guêtrier breveté du roi, fait guêtres
d'hommes, de dames et de chasse, bas lacés,
pantalons à guêtres et autres, etc., etc., contre les entorses, gonflemens de jambes et autres accidens, rue Traversière-Saint-Honoré,
n. 33, à Paris.

126. — Violard, fabricant de blondes, breveté, rue de Choiseul, n. 2 bis, ayant obtenu une médaille à l'exposition de 1834.

Depuis 1830, époque où la blonde se trouvait en défaveur, M. Violard eut l'idée de remplacer les dessins lourds que l'on voyait sur les blondes; il fit à cet effet un grand nombre d'essais et finit par arriver à exécuter avec succès des dessins légers sur fonds de champs et autres. C'est après avoir reconnu que ce genre de blondes était appelé à faire époque et à redonner la vie à un article dont on ne voulait presque plus, qu'il s'y arrêta et fit fabriquer.

A l'époque de l'exposition de 1834 il commençait à peine à faire connaître son nouveau travail; cependant il l'exposa avec quantité d'autres articles parmi lesquels il y avait des essais de tous genres, ainsi l'on voyait 32 morceaux raisonnés l'un par l'autre, et chacun d'eux avait son application; mais malheureusement les blondes n'étant pas en faveur à cette époque, elles ne fixèrent pas l'attention du jury, qui considérait probablement cet article comme usé et passé de mode. Toutefois, malgré cette défaveur, M. Violard est parvenu à faire apprécier ses nouvelles blondes-dentelles et ses dentelles de soie qui sont actuellement en pleine faveur; il avait aussi exposé des dentelles-cachemires de son invention, aujourd'hui il expose; 1° un châle fond tissu et la bordure dentelle-cachemire, surnommé Viaski; 2° un voile blanc en dentelle de soie. Ce voile a la légèreté et la finesse des dessins de la plus belle dentelle d'Angleterre. La composition de ce dessin est d'une hardiesse remarquable; 3° un mantelet en dentelles noires garni de dentelles; 4° une robe en blonde fine. Ce dessin riche et hardi imite la peinture; 5° une écharpe en dentelle de soie; 6° une dentelle asiatique. Cette dentelle d'invention tout-à-fait nouvelle dont le dessin est exécuté avec des fils d'argent disputerait presque la place qu'occupent les plus élégantes inventions, elle est aussi une de ces dernières.

127. — GUIGARDET, coutelier, rue Vieille-du-Temple, n. 147, à Paris, ayant obtenu une mention honorable à l'exposition de 1834.

Il fabrique tout ce qui concerne la belle coutellerie en acier, argent et vermeil ; coutellerie ordinaire parfaitement confectionnée, rasoirs première qualité, ciseaux, canifs, etc. Avantageusement connu pour le perfectionnement de ses taille-plumes, il s'attache de plus en plus à donner à tout ce qui sort de sa fabrique le fini et la qualité. Il vend à des prix modérés et à garantie.

128. — HAMOND, ingénieur civil, directeur des mines du Vigan, département du Gard, ayant obtenu une grande médaille d'argent de l'Académie de l'industrie en 1836.

Cet habile ingénieur expose de nouvelles voitures à vapeurs destinées à circuler sur les routes en terre et propres surtout à fournir de la force motrice dans tous les endroits où l'on pourra en avoir besoin pour faire mouvoir des usines, des scieries, des moulins à moudre ou à battre les grains. Cette ingénieuse voiture se fait particulièrement remarquer par son nouveau système de chaudière à tubes, qui neutralise entièrement le danger des explosions et permet de réparer le plus grave accident en quelques minutes, sans pour ainsi dire interrompre la marche de la voiture ou de la machine que ce locomoteur met en mouvement.

129. — Charles POULET, bandagiste, passage de l'Ancre, n. 12, à Paris.

Il fabrique des bandages du nouveau et de l'ancien système, perfectionnés, se posant sans souscuisses ; reconnus d'une qualité supérieure par leur soutien et leur légèreté ; il fait des suspensoires assortis, des bas lacés en peau de chien pour varices,

des ceintures-ventrières, des appareils pour le re
dressement des jambes, des pessaires et d'autres articles de chirurgie. Il expose une montre remplie
d'un assortiment de ces divers objets.

130. — Robin, menuisier-ébéniste, rue de la
Harpe, n. 10, à Paris.

M. Robin s'étant livré particulièrement à la construction des compas et équerres, expose des compas à fixateur interne et d'autres à verge cylindrique, des équerres de diverses formes, des règles, et
de plus des tire-bottes de voyage et des champignons propres à emballer les chapeaux des dames.

131. — Nys et compagnie, fabricant breveté de
cuirs vernis, rue de Lorillon, n. 27, à Paris,
ayant obtenu diverses médailles aux expositions nationales de 1823 à 1827, et une en argent à l'exposition de 1834.

Depuis que l'on fabrique le cuir verni tant en
France qu'à l'étranger, c'est sans contredit la maison
Nys et compagnie, qui toujours a fait le plus de progrès dans cette industrie. En effet, voilà déjà dix-
huit mois qu'elle est parvenue à surpasser de beaucoup les anglais, auxquels jusqu'alors la supériorité
dans ce genre de fabrication n'avait pas été con-
testée ; mais à présent il n'en est plus de même; car,
les trois quarts et demi des marchandises fabriquées
par M. Nys et compagnie, passent directement en
Angleterre.

Ces industriels sont arrivés à réunir deux qualités
essentielles, et que l'on ne trouve dans aucun autre
cuir verni : l'éclat et la solidité.

Avec les cuirs vernis de cette maison on fait des
sièges de sellettes et des colliers, preuve positive de
la qualité du vernis, puisqu'il faut que les cuirs qui
servent à cet emploi, soient tendus fortement avec
deux pinces sur l'arçon de la sellette. Aucun
autre fabricant n'a pu encore réussir à faire de

cuirs assez solides et assez souples pour subir cette épreuve.

MM Nys et compagnie vernissent également des bottes ayant la même qualité que les bottes ordinaires. Ils ont des cuirs de toutes couleurs, et ils sont parvenus à les rendre aussi souples et aussi solides qu'elles noirs. Ils fabriquent aussi des vaches minces, vernies à grains qui remplacent les cuirs ordinaires pour capotes de cabriolets et de voi-de coutures.

Afin de mieux mettre le public à même de juger leurs produits, MM. Nys et compagnie, exposent plusieurs échantillons de leurs cuirs vernis noirs et leur.

132. — Mettemberg, médecin breveté, rue St-Thomas-d'Enfer, n. 5, à Paris, expose quelques flacons de l'*eau de Mettemberg*, ayant la propriété d'entretenir le teint et la fraîcheur de la peau.

133. — Haize, mécanicien, rue du faubourg St-Martin, n. 98, à Paris ; il expose :

1°. Une pompe d'irrigation sans piston, dite à tube mobile, donnant un mètre cube par minute avec une force d'homme à un mètre de hauteur ; cette pompe a remporté le prix de 3,000 fr. proposé pour la meilleur machique d'irrigation au Sénégal ; Messieurs les ingénieurs les emploient avec grand avantage dans les canaux pour les fondations d'écluses.

2°. Une pompe dite à jus, éminemment propre aux fabriques de sucre, pouvant élever les liquides chauds comme froids ; elle est montée sur une colonne en fonte, elle n'a point de garniture, ce sont deux cylindres qui en tournant l'un dans l'autre opèrent le vide, cette pompe ne peut jamais se déranger.

3°. Un pétrin mécanique de moyenne dimension, faisant 200 livres de pâte en 12 minutes avec la force d'une femme, ces pétrins ont été adoptés par la marine après 18 mois d'essai ; M. Haize a obtenu une médaille de bronze à l'exposition de Valenciennes, avec un rapport des plus flatteurs du jury : il a eu aussi l'honneur d'en recevoir une des mains de S. M. pour l'exposition de 1834.

134. — V^r GHEVALIEB, opticien, quai de l'Horloge, n° 77.

Il expose plusieurs instrumens de précision , parmi lesquels on remarque son baromètre portatif basé sur une légère addition qu'il a apportée dans la construction des anciens baromètres , ce qui lui permet de les mettre tous en état , soit ceux à cuvettes, à syphon ou à cadran de pouvoir, sans se déranger, être transportés tout montés d'un lieu dans un autre, même par la voie du roulage , sans craindre aucun dérangement dans la colonne de mercure.

135. — DÉDÉBANO (J.-B.), architecte ex-p. de f. à Rome, etc., rue Jacob n. 12, f. b. q. s. q.

87. Projets divers présentans ; 1° un plan projet de galeries pour les expositions quinquennales de *l'industrie* : ce projet est accompagné de 30 variantes ou plans nouveaux, par l'auteur, et se trouve aussi mis (par annexe) en parallèle avec plus de quarante autres projets, par divers architectes, depuis l'année 1665, jusqu'à présent, tous proposés dans ce laps de temps pour opérer la réunion du Louvre aux Tuileries. Il expose en outre : 2° Divers projets pour les embellissemens de Paris. 3° Un projet de colonne monolythe à ériger au point central de la place de la Concorde, en l'honneur de la monarchie française constitutionnelle. 4° Deux projets nouveaux pour l'ajustement et l'emplacement de l'obélisque de Luxor. 5° Un dessin projet de monument en l'honneur de Napoléon, à ériger en Corse. 6° Un projet de piédestal, plan, coupe, élévation avec deux vues perspectives ; dont une variante, pour le tertre du piédestal de la statue du

général Hoche, à ériger à Versailles. 7° Un dessin projet de monument à ériger à Kléber, dans la ville de Strasbourg.

136.—Filhol, docteur médecin, rue de Roban n. 4, expose un lit pour soulever ou changer de lit les malades; appareil utile et auquel il a donné le nom de *nossiropheldue*.

137.—P. Bernhardt., fabricant de pianos, rue du Faubourg-Poissonnière, n. 28 : ses ateliers rue Saint-Maur n. 17, faubourg du Temple, ayant obtenu une médaille d'argent aux expositions nationales de 1827 à 1835.

Il expose un piano carré, perfectionné, à double sonnerie, doublé en cuivre, à trois cordes, six octaves et demie.

138.—Villems, ébéniste, expose un bras de fauteuil.

139.—Joseph-George, serrurier, rue Papillon n. 8 faubourg Poissonnière, expose : une nouvelle grue brévetée d'invention, admise au concours général des produits de l'industrie nationale en 1834, sur la place de la Concorde, et représentée, avec des perfectionnemens, en juin 1836, à l'exposition de l'académie agricole, manufacturière et commerciale, dans le local servant de serre aux orangers du château des Tuileries, quai du Louvre.

Cette machine brevetée, dont il a déjà été fait un assez grand nombre de demandes, réunit au plus haut degré et de la manière la plus efficace, l'emploi de la force musculaire de l'homme, à celle inhérente au poids de son corps.

Substituée aux grues de divers genres qui ont été mises en usage jusqu'à présent, elle l'emporte sur toutes par sa célérité, et par la facilité de sa manœuvre.

140.— Charles Moore, armurier, place Vendôme, n. 3 et à Londres, rue de Saint-James n. 77, expose : 2 fusils de chasse à deux coups, 1 carabine de tir.

141. — J.-B. Bellème, fabricant de coutils, rue des fossés-Montmartre, n. 12, expose : divers échantillons de ses produits.

142.— Arnheiter, mécanicien, fabricant d'instrumens aratoires, rue Childebert n. 13 ; ayant obtenu des médailles des sociétés d'encouragement et d'horticulture.

Il expose un aossrtiment de quelques-uns de ses produits ; du reste, il fabrique :

Hache-légumes, hache-paille, charrue à ratisse : baratte à beurre, instrumens d'agriculture et de jardinage, tels que sécateur perfectionné pour la taille des arbres, nouveau greffoir pour toutes greffes, ébranchoir coupant seize de diamètre, échenilloir, nouvelles cisailles pour la taille des espaliers sans dépalisser, pinces pour les treillageurs, tordant et coupant le fil de fer ; cueilloir à corbeille et de différentes formes, pince annulaire pour empêcher la vigne de couler, pince à dégoudronner les bouteilles, échelle-brouette, idem pliante, pompe-brouette, pompe-seringue pour les serres, boîte à pucerons à double fond, transplantoirs, Cadenas à combinaisons, cache-entrée, éprouvettes de chasse servant de pezont, nouveau coupe-racine à l'usage des pharmaciens, approuvé par l'académie de médecine et de pharmacie.

143.— James Georges, place Vendôme n. 23.

Cet artiste amateur a toujours eu la modestie de ne vouloir présenter jusqu'à présent, ses tableaux, à aucune exposition, quoiqu'il ait déjà fait plus de cinquante tableaux, ayant mérité les éloges de plusieurs peintres célèbres. Cette année pourtant il expose trois tableaux d'après nature, savoir : 1° Une chaumière avec le village de Cour, près de Blois. 2° Vue de l'entrée de la vallée de Pläuen, près Dresde. 3° Vue de la forteresse de Konisgstein, près de Dresde.

144. — WERNER, ébéniste breveté, rue Vanneau, n. 10, hôtel de Chimey, à Paris ; ayant obtenu une médaille d'argent aux quatre dernières expositions nationales.

Il expose aujourd'hui une table ronde d'acajou, ayant paru pour la première fois en 1834 ; 2° Une chaise longue à fond élastique, d'une nouvelle invention ; 3° Plus un fauteuil et une chaise en bois de frène massif avec tiroir.

145. — LAMBERT, inventeur breveté des lacets indéferrables, fabricant d'encre et de cires à cacheter, rue Saint-Denis, n. 135 ; ayant obtenu une mention honorable à l'exposition de 1834.

Ces lacets réunissent solidité à toute épreuve, forme élégante et régularité parfaite. On les reconnaît, 1° à la précision à laquelle le lacet est serré dans son ferret ; 2° aux pointes des ferrets qui sont de forme ovale et parfaitement fermées ; 3° et à quatre petits points placés sur un côté des ferrets, deux à chaque bout, dont un se trouve quelquefois effacé par la pointe. M. Lambert, réunissant plusieurs industries, expose des lacets, de l'encre et de la cire à cacheter.

146. — RAFIN et MONTAGNAC, fabricans d'instrumens aratoires, impasse Saint-Opportune, n. 7, à Paris, expose : divers instrumens sortis de ses ateliers.

Il fabrique et l'on trouve continuellement chez lui machine à concasser, grand et petit hache-paille, coupe-racine à disque, charrue, houe à cheval, charrue à butter, petites féculeries, machine à écraser les fruits à cidre, extirpateur, semoirs Hugues et sarcloirs du même.

147. — Noisette, propriétaire pépiniériste et fleuriste, rue Saint-Jacques n. 51, à Paris.

La réputation bien justement établie, de ce célèbre horticulteur, nous empêche de donner de longs détails sur les services qu'il a rendus à l'art du jardinage et à l'industrie en général par des soins continuels qu'il s'est toujours empressé d'apporter à l'introduction ou à l'acclimatation d'espèces ou variétés de plantes rares, belles ou pouvant être utiles à l'industrie. Dire qu'il expose aujourd'hui toutes les variétés de céréales connues, et plus de cent espèces ou variétés de plantes d'une application importante, c'est montrer assez combien les recherches et les travaux de M. Noisette, ont été d'une utilité positive et incontestable pour l'horticulture et pour les arts.

148. — Dioudonnat, constructeur de machines à la Jacquart, rue Saint-Maur Popincourt n. 11.

Cet habile mécanicien est l'un de ceux auxquels Paris doit l'introduction dans cette ville des jacquardes qui déjà depuis long-temps enrichissaient les fabricans de Lyon ; de plus, M. Dioudonnat s'est appliqué à leur donner la plus grande perfection, on en peut juger par le petit modèle du métier Jacquart, qu'il expose.

149. — Lœuilliet, graveur en caractères, rue Poupée Saint-André des Arts n. 7, à Paris.

Cet article fort bien connu de la plupart des typographes, expose divers échantillons et tableaux de ses produits.

150. — Jacques, artiste peintre, rue de la Magdelaine n. 39, à Paris, expose deux tableaux.

151.— Hiolle, ébéniste, rue Beautreillis n. 13, à Paris, expose : deux tables fort belles en bois richement décoré.

152.— Dalmont, architecte, rue Favart n. 2, ayant obtenu une médaille de l'académie de l'industrie en 1836.

Cet appareil, destiné à servir de garde-robe, doit neutraliser toute mauvaise odeur, en séparant les matières liquides des solides, et en recouvrant ces dernières d'une couche de charbon animal, moyen ingénieux, ayant pour but et pour résultat, de supprimer toute émanation putride.

153. — Sallandrouze Lamornaix, rue du Faubourg Saint-Denis n. 73.

154.— Ducostel, fabricant de gants, rue du Hazard n. 8, à Paris.

Il expose non-seulement des gants fort bien faits sortis de ses ateliers, mais encore un modèle en petit d'une machine de son invention, destinée à tracer sur les peaux la coupe que l'on doit donner aux gants; machine qui fonctionne chaque jour dans ses ateliers.

155.— Labourian, fabricant de peaux à teintes métalliques, rue Christine n. 10, et ayant un dépôt chez M. Bernhein, rue Française n. 12, à Paris.

Cette nouvelle fabrication, qui mérita une médaille à son inventeur, lors de l'exposition de 1834, s'est beaucoup perfectionnée, et les Peaux exposées aujourd'hui, sont dignes de fixer l'attention du public d'une manière toute spéciale.

156.— Prélat, armurier, rue Neuve des Petits-Champs n. 103, expose : un trophée d'armes digne de la réputation dont jouit depuis longtemps cet habile armurier.

157.— Blein Savouré frères et C°, propriétaires

d'abeilles à la Ferté Alep et ses environs, dépôt à Paris, rue Pavée Saint-André des Arts n. 16.

Exposent divers flacons remplis de rayons de cire ayant fourni du miel de la première beauté ; ils obtiennent ce miel au moyen de ruches particulières. En effet le miel vierge ou en rayons premier choix, semblable à celui dit de Narbonne, est déposé par les abeilles dans des vases ou des cloches, munis de leurs couvercles en cristal de Choisy-le-Roi, et dans des boîtes en bois blanc. Les vases, contenant environ 7 livres et demi de ce miel, sont du prix de 22 fr. 5o cent.

MM. les pharmaciens, confiseurs, droguistes et épiciers, qui feront des demandes par quintaux obtiendront une remise de 20 pour cent pour les miels en pots ou en barils.

158.— ARMBRUTER ROMAIN, fabricant de limes, passage de la Marmite n. 27, à Paris, expose : un tableau rempli de limes taillées dans ses ateliers, et méritant par leur régularité de fixer l'attention des connaisseurs.

150.— LESACHÉ, graveur des princes et de la commission du sceau des titres, ayant obtenu une médaille à l'exposition de 1834, Palais-Royal n. 464, ateliers 154 galerie Valois, expose :

2 cadres sous le même n°, remplis d'épreuves de timbres secs et des cachets du président et des ministres du Chili, etc. ; des adresses et billets de visites de naissances et autres, des lettres de changes, actions, armoiries, almanachs, et vignettes.

On trouve, dans ses ateliers, des collections de lettres gothiques sur verre, cuivre et acier pour le commerce.

160.— BONNET, fabricant de mesures linéaires, rue Grénetat, n. 16.

Il expose et fabrique des mesures linéaires sur

rubans imperméables pour le toisé en général; mesures françaises et étrangères et de fantaisies en tous genres.

Mesures à ressort de son invention, rentrantes à volonté et renfermées dans des boîtes du plus nouveau goût.

161.—Josselin, fabricant breveté de corsets, carré Saint-Martin, n. 289, avec entrée par la rue du Ponceau, n. 2; ayant obtenu des médailles d'argent de la société d'encouragement et de l'académie de l'industrie :

Expose : 6 corsets de ses diverses inventions; 2 à 3 douzaines de boucles à cylindre dites sans ardillons pour rubans de ceintures pour dames; une pièce mécanique chirurgicale pour amputations; une pièce dito., dito., pour les saignées; une sangle de chevaux avec boucles sans ardillons; un dynamomètre disposé pour éprouver la force de ses boucles et instrumens de chirurgie :

162.—Blanchard, coutelier, fabricant d'outils de sellerie, rue des Gravilliers n. 37, ayant obtenu une médaille à l'exposition de 1834.

Expose un assortiment d'outils entièrement nouveaux, propres aux selliers, tels que couteaux mécaniques, griffe à roulette régularisant la pointe de couture et autres au moins aussi utiles.

163.—Lacarrière jeune, fabricant de devantures de boutiques en cuivre, moulures de tous profils, tirées à la filière, et articles de fantaisie, rue Sainte-Élisabeth n. 3, près le Temple, à Paris.

164.—Mauprivez, successeur de Désarnod, caminologiste, ayant obtenu des récompenses lors de plusieurs expositions nationales et dans la plupart des sociétés savantes, rue des Petites-Écuries n. 17, expose : divers appareils de chauffage.

165.—MARTIN, sculpteur, rue Hamelot, n. 60:

La routine de l'art avait jusqu'à ce jour admis dans les décors que la seule feuille d'acanthe; cependant un jeune artiste, M. Martin, voulant essayer si la nature ne présentait pas de plus grandes ressources à la sculpture, se mit à mouler sur nature même les feuilles, les fleurs et les plantes qu'il put se procurer; bientôt il le fit avec tant de bonheur, ou pour parler plus exactement avec tant d'habileté, qu'il obtint des résultats qui lui permirent d'espérer de pouvoir, en les groupant, trouver un nouveau moyen d'orner les monumens, meubles ou objets de décors; aussi pour consulter le goût du public, il offre aujourd'hui à son jugement:

Un fort beau Candelabre en plâtre, composé de plantes étrangères, ce qui donne à la sculpture un genre nouveau dont elle pourra tirer un très-grand parti, toutes les fois qu'on saura surprendre à la nature, avec une aussi parfaite vérité que M. Martin, les formes gracieuses que possèdent les feuilles d'un grand nombre de plantes qui, depuis l'application de l'acanthe, avaient jusqu'à ce jour été dédaignées par tous les artistes. L'habileté de M. Martin ouvre et assure un nouveau champ à l'art du sculpteur.

166.—VINCENT, parfumeur, breveté, rue Cloche-Perche, n. 15, à Paris.

Expose des flacons d'une huile essentielle hygiénique particulièrement destinée à la toilette de la figure, et ayant la propriété de faire disparaître le hâle produit par le grand air ou l'ardeur du soleil; elle diminue sensiblement les taches de rousseur; par son usage continuel, elle donne au teint de la blancheur et de la fraîcheur; elle est infiniment avantageuse pour l'usage des bains; les personnes délicates ou affaiblies par de longues maladies reconnaîtront promptement ses effets salutaires; dans le cas de crevasses et de gerçures, celles mêmes occasionées par des engelures intenses, éprouveront à instant même un soulagement satisfaisant.

Cette huile, ne contenant dans sa composition ni caustique, ni acide, ni spiritueux, ni siccatif, elle peut être adoptée pour la toilette de la figure et généralement de tout le corps.

167.—GUERIN, découpeur en lettres, rue de la Tixeranderie, n. 27, à Paris, expose un assortiment de grandes et petites lettres en bois de divers genres, découpées avec beaucoup de netteté.

168.—PARRIZOT, rue Neuve-des-Poirées, n. 4, à Paris, expose des cuvettes de descente assez bien entendues.

169.—FICHET, serrurier mécanicien, à Paris, rue de Richelieu, n. 77, expose :

1º Une serrure de sûreté, à garnitures mobiles, possédant des clefs aussi petites que l'on peut le désirer; 2º une serrure réunissant trois fermetures différentes, pour trois personnes, ayant chacune leur clef; 3º une serrure pour coffre-fort, possédant 8 moteurs de sûreté impraticables à aucune fausse clef; 4º une serrure à pompe possédant 13 barrettes; 5º un coffre-fort perfectionné à vis perdues et à clous rivés, fermé avec des serrures à combinaisons dont le nombre pour 4 boutons est un quadrillon de huit cent quatre-vingt-dix-sept trillons quatre cent soixante-treize billons six cent millions; 6º un cadenas chinois perfectionné; 7º un cadenas sur le système des serrures à garnitures mobiles; 8º un petit coffre en fer portant un seul bouton présentant 3 combinaisons différentes, possédant six mille six cents combinaisons.

170.—LEPERDRIEL, pharmacien, rue du faubourg Montmartre, n. 78, expose divers flacons de son insecto-mortifère pour la destruction des punaises.

171. — Valon, coutelier, Boulevard des Italiens, n. 2, à Paris.

Expose un assortiment de petits affiloirs nouveaux, s'adaptant sur la fourchette à découper, et une pâte végétale pour faire couper les rasoirs.

172. — Demarquette étampeur, rue de Ménilmontant, n. 10, à Paris, expose une rosace et une crosse en cuivre étampé, d'un travail fort bien fait et d'un relief de plus de deux pouces.

173. — Dupré Louis, fabricant de céruse, au Pecq, Seine-et-Oise.

Ce fabricant travaille, depuis 1818, par le seul procédé hollandais ; et aux expositions il a deux fois obtenu des médailles. Il expose aujourd'hui : 1° une Céruse pure, broyée à l'eau et en pains. 2° Céruse en poudre impalpable, telle qu'on la vend dans tout le midi de la France. 3° Oxide de plomb en écailles.

174. — Achard, breveté, rue du Renard St-Sauveur, n. 11, à Paris, tient un établissement d'épuration et d'assainissement de plumes, laines, crins, duvets et édredons, et blanchit à neuf des couvertures de laine et coton.

Tarif des Prix.

Plume lessivée, assainie et remise à neuf, la livre, 30 c. Laine et crin idem, la livre, 20 c. Duvet idem, la livre, 1 fr. Édredon idem, la livre, 3 f.

Dégraissage et Blanchissage.

Toile à matelas ordinaire, 50 c. Idem, idem, cylindrée, 75 c. En futaine et remise à neuf, 1 fr. 50 c. Coutil de lit dégraissé, cylindré et ciré, 7 fr. Coutil blanchi, idem, idem, 5 fr. Oreiller ou traversin, idem, 1 fr. 75 c. Coutil de lit, ciré seulement, 2 fr. 50 c. Oreiller ou blanchissage, idem, 75 c. *Blanchissage à neuf des couvertures Laine et Coton*, 2 fr. Cardage de laine et crin neuf, la livre, 15 c. Façon de

matelas ord. , par pied , pris sur la largeur, 5o c.
Bordés , 75 c. A Plates-Bandes , 1 fr. 25 c.

Les Matelas, qui n'ont besoin que d'un simple
cardage, sont pris et rendus le même jour à domicile. — Le poids des Laines, Plumes, etc., est constaté en présence des propriétaires.— *On se charge
de fournir à neuf tout ce qui concerne les couchers,
à des prix modérés, payables comptant sans es-
compte.*

175. — BATAILLE, mécanicien, rue St-Maur,
n. 17 bis, à Paris , expose :

Une herse scarificateur d'un très-grand volume,
destinée à exécuter très-vite beaucoup de travail.

Sous le même numéro, il expose en outre un assortiment de lampes.

176.—BRUNOT, cordier, Quai de Passy, n. 20,
présente des cordes sans fin , rondes et plates ,
d'un travail très-beau et dont l'usage peut devenir fort utile.

177.—ARMAND-CLERC, fabricant d'instrumens
d'économie domestique, rue du Buisson-St-Louis,
n. 16, à Paris , il expose :

1 affiloir, nouveau système, appartenant au
roi ; 1 affiloir modèle, exécuté avec soin ; 6 affiloirs
à pied , marbre, et autre ordinaire ; 3 affiloirs à
chevalets; 4 planches diverses à couteaux ; 1 bri-
que française ; 3 barattes rotatives avec lesquelles
on fait le beurre plus promptement qu'avec les anciennes : 2 râpes à sucre à manivelle; 2 presses pu-
rées; 2 coupe-légumes ; 1 coupe-julienne ; 2 coupe-
truffes; 1 couteau à choucroute; 1 hache-paille; 1
poire à poudre, prompte charge; 1 appareil pour
façonner les bouts des bougies, plus un cercle de
cuivre pour border les marbres de poêles, sertis par
un nouveau procédé.

178.—PARIS, perruquier, fabricant, passage

5.

Choiseul, n. 22, fabrique et expose plusieurs modèles de perruques et de nattes.

179.—ÉGROT, chaudronnier, rue du faubourg-St-Martin, n. 268, à Paris, expose une nouvelle baignoire en cuivre.

180.—SOUCHART, perruquier, rue Castiglione, n. 4, à Paris, expose divers produits dépendant de son état.

181.—THATCHER, rue de la Paix, n. 8, à Paris.

Expose des bois et toiles à voiles préparés par le procédé de M. Kyan, pour les préserver de la destruction.

182.—MARION, papetier, à Paris, cité Bergère, n. 14, expose un cadre rempli des papiers de sa fabrique.

183.—PELZ, ébéniste à Paris, impasse Guéméné, n. 7, expose des meubles divers.

184.—CATOIS, fondeur à Paris, expose un escalier en fonte, d'une grande légèreté.

185.—DEVAUX, marchand fabricant de socques, passage des Panoramas, n. 15, galerie des Variétés, vis-à-vis le Md. de papiers peints.

Il fabrique des socques articulés en liége; cuir et bois, avec et sans élévation, pour dames et pour hommes, ainsi que des socques et claques qui s'adaptent aux pieds sans brides, à Paris.

186.—BODZONET, fabricant de bas à Paris, rue St-Antoine, n. 187, expose une paire de bas d'un travail remarquable.

187.—ROBERT, armurier, rue Coq Héron, n. 3 bis, expose divers fusils et pistolets fabriqués d'après son système.

Le rapport fait par l'Académie de l'industrie il y

a quelques années, nous exempte d'entrer dans de longs détails sur les armes de M. Robert.

188. — GENEVOIS, rue du Ponceau, n. 26, à Paris, tient les dépôts de sa fabrique de St-Germain et de Picardie, en étoffes de crin pour la garniture des meubles de salons, et fabrique les crins frisés pour sommiers et autres.

Après des recherches réitérées, il est parvenu à fabriquer une nouvelle étoffe brochée et autres, pour canapés, fauteuils, chaises et banquettes. Ces étoffes sont d'un travail imitant la soie ; les dessins forment des branches détachées et des fleurs dans les rosaces, ce qui n'avait pas encore été fait jusqu'à ce jour. Il fait les étoffes de crin pour les casquettes de chasse, de la crinoline pour les cols militaires, et des sacs en crin pour la conservation du raisin.

189. — CAIMAN-DUVERGER, à Soisy-sous-Étioles,

Expose des lampions ou lampes de son invention, des clysoirs et des lycos, plus un filoir dont le dépôt se trouve chez M. Gréling, déjà porté sur ce catalogue sous le n. 83.

190. — M^{le} MALARMÉ AGLAÉ, peintre à Dijon, représentée par son frère M. Henry Robert, expose divers tableaux.

191. — VERDOT, à Hodemont expose du papier-cuir à polir, pour remplacer le papier de verre.

192. — MOHR et compagnie, mécaniciens, passage du petit St-Antoine, rue St-Antoine, n. 69, à Paris, exposent des garde-robes portatives, inodores, perfectionnées.

L'usage de ces garde-robes est facile : au moyen d'un seul bouton que l'on pousse, la matière tombe dans la fosse et l'eau jaillit dans la cuvette pour la nettoyer. Il tombe ensuite deux verres d'eau qui restent jusqu'au moment du nouvel usage de la garde-robe. Il en fait aussi de petites sans réservoirs.

Outre ces garde-robes nouvellement perfectionnées, le sieur MOHR et Compagnie fabriquent aussi
les appareils inodores, à la française, déjà avantageusement connus depuis plusieurs années, soit dans
Paris, soit dans les départemens. Le sieur MOHR a
trouvé le moyen de corriger le défaut qu'ils avaient.
La fermeture est tellement hermétique, que l'on
peut les employer sans réservoirs, ce qui diminue
considérablement les prix et devient une grande
économie pour les propriétaires, puisque les appareils que l'on emploie journellement usent une grande
quantité d'eau qui oblige de vider les fosses plus souvent, et y causent des dégradations très-dispen-
dieuses. Il fabrique en outre des appareils à robinets
les garantit de toute odeur, et tient des cuvettes à
bonde.

193.—GUÉNARD, à Courtenay, (Loiret) expose le tuyau bonde de son invention.

194. — GROHÉ frères, ébéniste, rue de Grenelle-St-Germain, n. 107, il expose :

1 secrétaire en bois d'érable; 1 commode
en bois d'érable; 1 table de salle à manger de la renaissance; 1 secrétaire en bois de palissandre, style
Égyptien; 1 fauteuil à lire et écrire, en bois de
palissandre.

195. — QUENTIN DURAND, fabricant d'instrumens aratoires, rue Grange-aux-Belles, impasse
Ste-Opportune, n. 3, expose un assortiment
d'instrumens divers, sortant de sa fabrique.

196. — NEYOT, coffretier, rue Neuve-St-Augustin, n. 34, expose des boîtes et malles aussi
légères que des cartons, et propres à emballer
les chapeaux de dames.

197.—CHARLES BERNAUDA, Quai des Orfèvres,
n. 32, fabricant de bijoux et d'instrumens en
platine ou or blanc, qu'il prépare en outre pour
l'usage des bijoutiers et dentistes; il expose :

4 chaînes à sautoir , or et platine ; 2 tabatières en platine incrusté d'or ; 2 cassolettes à odeur , or et platine ; 2 œufs à odeur en platine ; 2 clefs mécaniques; 1 manche de brosse à barbe; 1 couvert en platine; 1 lorgnon en platine; plusieurs bagues ; 2 chaînes d'or ; 2 boîtes à cure-dents.

198. — LAURENT BOURNOT , expose une ruche en bois.

199. — GINOT , expose également une ruche en terre vernie..

200. — CAVAILLÉ-COLL , père et fils , facteurs de grandes orgues, Chaussée-d'Antin, rue Notre-Dame-de-Lorette , n. 14 (maison du corps-de-garde), à Paris , nommés par l'Institut pour la construction du grand orgue de l'église royale de St-Denis et celui de la nouvelle église Notre-Dame-de-Lorette , à Paris. Ils exposent un poïkilorgue ou orgue varié , de leur invention.

Cet instrument à clavier et à anches libres diffère néanmoins de tous ceux que l'on a faits d'après le même principe sonore, tels que philharmoniques *pianos à soufflets* etc. , par la puissance du son qui, surtout dans la basse, a quelque chose d'imposant , et qui, susceptible d'être diminué et renflé à volonté, se prête à l'expression la plus variée. Ce meuble est de la forme d'un très petit piano carré, monté sur des X , d'environ trois pieds et demi de largeur sur deux pieds de profondeur. Le peu de volume de cet instrument , la facilité du transport et la grande puissance des sons le rendent applicable aux églises , pour accompagner les chœurs dans les théâtres et dans les salons. La simplicité du mécanisme et la précision de l'exécution garantissent la durée de l'instrument ; et l'exactitude mathématique avec laquelle sont déterminées les dimensions des anches garantissent le maintien de l'accord pendant plusieurs années. D'après ce simple aperçu que nous venons de tracer de la construction de cet instrument, l'on ne doit pas s'étonner que le Poïkilorgue ait été l'objet de plusieurs rapports favorables, dont un a été fait à l'Institut Royal de France.

201. — Madame GRASSIS DE PREDL, peintre de portrait et d'histoire, rue Saint-Hyacinthe, n. 2, à Paris.

Rappeler que les tableaux de madame Grassis ont souvent su inspirer agréablement la muse de M. Mollevault, c'est dire assez qu'ils sont loin de défigurer notre exposition : aussi que l'on veuille bien les considérer avec attention, et nous pouvons affirmer que l'on y retrouvera aisément la touche habile d'un maître.

202. — BIRCHS, carrossier de Londres, expose une boîte d'essieu à mécanisme nouveau, propre à faciliter la lubrification des roues.

203. — RIMBAULT, propriétaire à Tours, expose un lavis représentant un édifice monumental élevé par lui et à ses frais à Tours en l'honneur de l'industrie.

204. — VALLAT, docteur-médecin de Montpellier, expose son lit de mine employé avec succès à Blangy, département de Seine-Intérieure.

Cette invention fort ingénieuse, propre à retirer les blessés du fond des puits de mine, sans courir de danger, devrait être adoptée dans toutes les exploitations souterraines.

205. — COUPENNE (le chevalier de), propriétaire dans le département des Landes; il expose une ferme de pont en bois et en fer.

206. — EDWARDS, de Chaillot, près Paris. Cet habile mécanicien expose sa soupape à tiroir à détente pour les machines à vapeur.

Ce tiroir de l'invention de M. Edwards généralement appliqué dans la plupart des machines qu'il fabrique aujourd'hui est une heureuse invention et dont les résultats doivent plaider en sa faveur.

207. — FOYATIER, sculpteur à Paris, expose par l'intermédiaire de M. Romagnési, un buste de S. M. Louis-Philippe, roi des Français, exécuté en carton-pierre par le même M. Romagnési, déjà porté sous le numéro 9.

208. — BAUDRY, ébéniste, rue St-Roch, n. 10, à Paris, expose des meubles magnifiques qui ne laissent rien à désirer dans le fini du travail.

209. — FOUBERT, coutelier à Paris, passage Choiseul, n. 35, expose une montre remplie d'objets de coutellerie fort beaux et très riches.

210. — BOSSIN, grainetier-pépiniériste à Paris, quai aux fleurs, n. 5, expose des branches du morus-japonica ou mûrier de Japon, du morus-nervosa ou morus-multicaulis, du mûrier blanc, puis des mûriers sinensis ou intermedia, italica, lucida, moretti, latifolia, de Constantinople, et du morus aurautiaca.

211. — SARRAUT, lampiste, rue du Helder, n. 23, à Paris, expose des lampes hydrostatiques ne renfermant que de l'huile.

Au moyen des perfectionnemens apportés aux Lampes Hydrostatiques (dont l'invention remonte à 1804, par M. Girard), M. Sarraut a trouvé le moyen, après de nombreuses recherches, de simplifier lesdites Lampes et les rendre d'un service simple et commode, en supprimant les pièces qui compliquaient le service. Jusqu'alors plusieurs lampistes ont cherché à perfectionner les Lampes Girard, et toujours sans aucun résultat satisfaisant. M. Sarraut, en construisant ces nouvelles Lampes hydrostatiques perfectionnées, dont l'éclairage égale celui des bonnes lampes mécaniques, a trouvé le moyen de les fabriquer à un prix très-modéré, et bien au-dessous ce ceux déjà connus, puisqu'il donne ces Lampes pour 28 fr., tandis que les mêmes modèles se vendent dans d'autres maisons à moins de 38 fr., quoique d'une construction moins solide.

Les Lampes Hydrostatiques perfectionnées par M. Sarraut ne renferment que de l'huile et ne sont sujettes à aucune réparation, puisque par le service journalier elles se nettoient d'elles-mêmes ; il n'en est pas ainsi des lampes à liqueur saline qui ronge le corps de la lampe et qui la détruit en très-peu de temps, et dont le service est on ne peut plus compliqué par l'emploi d'entonnoirs et de godets qui ont le grave inconvénient de répandre de l'huile partout.

Pour faire le service de cette lampe, il faut : 1º Oter le bouchon en cuivre, mettre l'huile dans la lampe et remettre le bouchon en place ; 2º Couper le noir de la mèche (quand elle a déjà servi) ; 3º Retourner la lampe et mettre le bec dans la burette ; 4º Remettre la lampe sur son pied ; puis, le temps d'essuyer le verre et la galerie, suffit pour le renversement de la lampe. Il n'y aurait aucun inconvénient à la laisser plus long-temps.

242. — MILON MARQUANT, à Reims, département de la Marne,

Expose une pièce de bure rase, ou étoffe claire en laine pour voiles de femmes, longue de 50 aunes, et ne pesant qu'une livre un quart.

243. — HAREL, rue de l'Arbre-Sec, n. 50, à Paris.

Expose un fourneau et divers petits fourneaux et cafetières, propres à servir à l'économie domestique. Les instrumens de ce fabricant sont toujours dignes de sa réputation ; aussi n'en dirons-nous pas davantage, car autrement il faudrait entrer dans l'explication de chacune de ses nombreuses et utiles inventions.

214. — SALAVIE, propriétaire à Nismes.

Expose un Amputateur, instrument breveté, propre à couper instantanément les bois morts, ayant même 3 pouces de diamètre, et cela avec la force d'un seul homme et sans effort. Les avantages de cet outils sont tellement bien reconnus dans le Languedoc, que depuis six ans tous les vignerons en font usage.

215. — PANIER, successeur de Lamberty, fabricant de couleurs à Paris, rue de Cléry, n. 9.

Expose un cadre rempli de tablettes de couleurs superfines en tablettes, au miel et en pastilles.

216. — DORDET, coutelier, rue des Fossés-Montmartre, n. 9, à Paris.

Expose un service de coutellerie en vermeil, composé de 36 pièces; plus, de nouveaux syphons à vin de Champagne, et trois couteaux de classe mexicains, dont un en vermeil.

217. — CASTERA, ancien magistrat, rue de Grenelle-St-Germain, n. 56, à Paris.

Expose divers appareils de sauvetage contre les incendies et les nauvrages, appareils qui ont mérité à leur auteur une médaille d'or du grand module à l'exposition de 1834, médaille qni lui fut accordée par S. M., sur un rapport du ministre de l'intérieur pour récompenser ses inventions et ses travaux philantropiques.

218. — PRADIER, coutelier, rue Bourg-l'Abbé, n. 13, expose divers objets nouveaux et une carte de coutellerie.

219. — MEYNARD, ébéniste, rue du faubourg St-Antoine, n. 52, à Paris, expose un guéridon en palissandre incrusté en cuivre et d'un travail admirable.

220. — Pommer, ébéniste, terrain Bellechasse, n. 7 , à Paris, expose une jardinière étagère en bois d'Angiça.

221. — Babeuf, fabricant de pinceaux, rüe de La Harpe, n. 4 , à Paris, expose un cadre rempli de brosses à peindre et de pinceaux.

222. — Rouillé et Vallot, mécaniciens, rue du faubourg St-Martin, n. 174 , une ramonerie d'un mètre carré environ ou machine de nouvelle invention pour nétoyer ou démoucheter le blé et en extraire l'embryon des charançons qui pourraient s'y trouver.

223. —T. Hamelaerts, fabricant de parapluies, à Paris, rue Saint-Sauveur, n° 24,

Tient une fabrique considérable de parapluies et d'ombrelles pour la France et l'étranger. Ces produits sont remarquables par leur bon marché sans cependant exclure la perfection dans la confection.

Il fabrique en outre tout genre de baleines , soit pour parapluies , baguettes à fusil , corsets, bourrelets , capottes, casquettes, etc., etc.

224. — Lecurieux, peintre, rue des Beaux-Arts, n° 17 , à Paris,

Exposé le portrait en grand de M. Ducornet , peintre , né sans mains et sans bras , mais seulement avec de très-courtes cuisses, terminées par des pieds dont il se sert pour peindre des tableaux avec l'adresse la plus extraordinaire.

225. — Feragus, serrurier-mécanicien, breveté, à Paris , rue Saint-Georges, n° 27 ,

Expose des crémones françaises ou fermetures nouvelles propres à remplacer les espagnolettes et les verroux à placard.

226. — Lepart, brodeur, rue Vivienne, n° 8 , à Paris,

Expose un agnus dei, brodé en or et en argent en relief sur une corbeille en velours vert.

227. — SCHIELÉ, ébéniste, à Paris, rue du Bac, n° 87,

Expose une corbeille de mariage en palissandre découpée à jour et incrustée en bois de houx.

228. — LELOGÉ, fontainier, à Paris, rue Neuve Saint-Etienne, n° 15, près le boulevard Bonne-Nouvelle, expose diverses fontaines à filtre ascendant dans lesquelles l'eau s'épure en montant de bas en haut à travers une pierre poreuse.

229. — BIGEAUD, lampiste, à Paris, rue Saint-Martin, 126, expose des lampes établies sur un nouveau système.

230. — L'ingénieur CHEVALIER, opticien, quai de l'Horloge, n° 1, à Paris.

Les travaux de M. l'ingénieur Chevalier sont trop bien connus pour avoir besoin d'être longuement rappelés, cependant nous croyons devoir fixer l'attention du public sur ces lunettes auxquelles il a donné le nom de jumelles centrées. Elles sont disposées de telle façon qu'elles se meuvent sur les tuyaux d'oculaire servant à mettre les verres au point précis de la vision, en conservant toujours un parallélisme exact, et se placent aisément à l'écartement convenable de la configuration particulière de l'organe de la vue. La portée de ce mécanisme si simple est remarquable; car les mêmes jumelles centrées pourront être désormais utilisées par un nombre infini de personnes, tandis que les jumelles à molette seulement ne pouvaient convenir qu'à ceux dont la distance d'un œil à l'autre se trouvait identiquement en rapport avec la structure de l'instrument.

231. — Paul GARNIER, horloger du roi, mécanicien, élève de Janvier, rue Taitbout, n° 8 bis, boulevart des Italiens, ayant obtenu des récompenses aux expositions de 1827 et 1834.

Ce fabricant est l'inventeur du Sphygmomètre, instrument médical, et d'un échappement qui lui permet d'établir des pendules portatives avec une très-grande réduction dans les prix. On en trouve chez lui à réveil, sonneries d'heures et de demies, heures et quarts, répétition, grande sonnerie, quantième, etc., dont les formes sont aussi variées que modernes. Il expose divers modèles de ses pendules.

232. — Cattaert, fabricant de lustres, rue du faubourg Saint-Denis, n° 25, à Paris.

Ce fabricant a exposé plusieurs lustres montés en cristal de la plus grande beauté. Rien n'est plus riche, plus élégant.

233. — Lemarchant, fabricant de tours, rue des Gravilliers, n° 29, à Paris, expose un tour fort beau et très-bien construit.

234. — Alexandre Parruite, aveugle, rue Rousselet, n° 10,

A exposé diverses compositions chimiques de son invention savoir : une composition pour nétoyer et éclaircir les métaux ; un encaustique pour nétoyer les meubles, et un liquide pour éloigner et détruire les insectes qui détruisent les objets d'histoire naturelle. Cet industriel dont la position mérite de fixer l'intérêt a placé un dépôt de ses compositions chez M. Pintard, rue de Rivoli, n° 18.

235. — Lizé, brodeur à Paris, passage Colbert, n° 9, expose divers tableaux brodés sur canevas.

236. — Lafond, d. m. rue Vivienne, n° 23, à Paris. L'établissement du docteur Lafond continue à soutenir sa réputation pour la fabrication des bandages à pelotes médicamenteuses.

237. — **Beringer**, armurier, rue du Coq, n° 6, à Paris, expose des fusils et pistolets à piston et se chargeant par la culasse par un nouveau procédé tout différent de ceux de MM. Robert ou Lefaucheux.

238. — **Lemare** et **Fourdrin**, inventeur breveté du caléfacteur, quai Conti, n° 3, à Paris ayant obtenu leurs médailles d'or à la société d'encouragement et des médailles d'argent aux expositions nationales.

Il expose divers caléfacteurs de cuisine ou appareils propres à faire cuire à la fois avec une livre de charbon de deux à sept plats y compris le rôti pour quatre à six personnes. Ces caléfacteurs ont tout nouvellement encore été perfectionnés de manière que la vapeur puisse entourer presque entièrement les casseroles et activer davantage la cuisson.

239. — **Ador**, ancien fabricant d'eaux gazeuses, rue Montmartre, n° 76, expose une machine propre à boucher les bouteilles pleines d'eau gazeuse sans crainte de casser les bouteilles et sans risquer de perdre une partie du gaz.

240. — M. **Gagin**, fabricant de produits imperméables, à Vaugirard, grande rue, n° 50.

Ayant trouvé un dissolvant économique du caoutchouc ou gomme élastique, il emploie la préparation qui en est le résultat, pour enduire des cuirs et des tissus, et les rendre ainsi parfaitement imperméables, sans leur rien ôter de leur flexibilité et de leur souplesse naturelle. Il confectionne en peau de chèvre préparée des outres pour le transport et la conservation de l'eau et autres liquides; elles sont de contenances diverses, depuis un quart de litre jusqu'à soixante litres. Ces outres ne communiquent aux liquides qu'elles renferment aucune odeur désagréable.

Il prépare pour la chaussure toute espèce de cuirs, et son enduit leur donne la souplesse et l'élasticité du caoutchout, qui en est la base, avec la faculté de devenir plus moelleux à mesure qu'ils s'échauffent davantage. Ces cuirs prennent très-bien le cirage et n'en sont point détériorés, l'enduit de M. Gagin ne s'évapore et ne sèche point par l'usage comme les dégras ordinairement employés dans le même but. Les outres françaises de M. Gagin, établies d'abord pour l'usage des troupes en marche ou en campagne, ont été l'objet de rapports favorables faits à M. le Ministre de la guerre, par les conseils d'administration de dix régimens de la garnison de Paris, et de ceux des corps de l'armée d'Afrique, où elles ont été mises à l'essai depuis six mois, et l'athénée des arts a décerné au fabricant une médaille d'argent, dans la séance du 29 mai dernier.

Appliquée sur les tissus de soie et de lin, cette même solution a donné des produits bien supérieurs à tout ce qu'on avait obtenu jusqu'à présent sous le rapport de la solidité et de la légèreté; l'économie de cette fabrication lui permet de livrer des manteaux en toile de lin, susceptibles d'une grande durée, presque au même prix que les calicots vendus sous le nom de toiles cirées et qui se déchirent au moindre effort.

Les tissus hydrofuges au caoutchout sont entièrement sans odeur. Ils peuvent recevoir l'impression en toutes couleurs et être drapés sur une seule et sur les deux faces.

241. — TAFFIN, rue Saint-Denis, n° 303, à Paris, nettoyant les laines et les plumes par la vapeur.

242. — WERLY, fabricant breveté à Bar-le-Duc, ayant son dépôt à Paris, rue Neuve-des-Petits-Champs, n° 44.

Expose un corset sans couture fabriqué à la mécanique.

243. — Pailliette, mécanicien breveté, fabricant de soufflets à Paris, rue de la Montagne-Sainte-Geneviève, n° 52.

Il fabrique des soufflets de forge qui donnent deux fois plus de vent et occupent deux fois moins de place, et se vendent à 20 pour cent au-dessous du prix des soufflets anciens employés à faire le même ouvrage. Ces soufflets seront employés avec un très-grand avantage par toutes les personnes qui se servent de forges, depuis le bijoutier-orfèvre jusqu'au forgeron d'enclumes. Le fondeur même reconnaîtra sa supériorité.

Comme ventilateur, un soufflet de 48 pouces donnerait, par heure, 86,400 pieds cubes d'air nouveau pour remplacer la même quantité d'air vicié dans une salle de spectacle ou de réunion. Deux de ces soufflets sont toujours montés aux forges du sieur Pailliette, où on peut les voir et les essayer.

244. — Dupré, ébéniste, à Paris, rue Cassette, n° 5, expose un charmant secrétaire à bois d'olivier et ayant son intérieur de forme gothique.

245. — Demanne, rue Saint-Honoré, n° 294, à Paris, inventeur de la papyragraphie, ou nouveau moyen d'apprendre à écrire sans maître.

Il expose divers échantillons de papier à 60 centimes la main, préparé à l'effet de montrer à écrire sans maître, procédé que l'on peut rendre sensible en disant que la plume de l'élève doit suivre les lettres tracées à l'opposé de celle pour servir à la lecture des aveugles, c'est-à-dire tracées en creux au lieu de l'être en relief.

246. — Moujot, ferblantier, tôlier et fumiste, rue de la Grande-Truanderie, n° 4, à Paris, expose divers poêles cuisinières ou à fours. Ce fabricant tient un assortiment de ces poêles cui-

sinières à deux, trois et quatre fours et autant de
marmites chauffés par un seul feu, au moyen d'un
nouveau procédé à foyer de rechange au bois ou au
charbon de terre. Il fabrique également des four-
neaux-fayence par le même système et il fait tous les
ouvrages qui se rattachent à la tôlerie et à la ferblanterie.

247. — BISHOP, peintre anglais, rue de la Chaussée-d'Antin, n° 17, à Paris.

Il expose le portrait en pied de M. Edie, capitaine au 98° régiment de S. M. britannique, dans le
costume de guerre du chef des gardes de Dingan,
roi de la tribu des Amazula, duquel il le reçut
comme un acte de reconnaissance. Cette tribu, l'une
des plus puissantes de la côte d'Afrique, au-delà du
cap de Bonne-Espérance, est bornée au nord par
la baie de Lagoa et au sud par la rivière Saint-Jean.

248. — AD. PETIT, pharmacien breveté, 19,
expose des clysopompes.

Expose diverses fécules préparées de manière à
pouvoir se conserver plusieurs années.

249. — DUTEL, sculpteur, rue Saint-Louis,
au marais, n. 56.

Expose un buste en marbre avec diverses copies
de l'antique faites par un procédé mécanique.

250. — GROULT jeune, fabricant de fécules de
légumes, passage des panoramas, 3.

9 782013 620260